مركز القانون العربي والإسلامي
Centre de droit arabe et musulman
Zentrum für arabisches und islamisches Recht
Centro di diritto arabo e musulmano
Centre of Arab and Islamic Law

IL DIRITTO DI FAMIGLIA
NEL MONDO ARABO
costanti e sfide

Sami A. Aldeeb Abu-Sahlieh

Questo libro può essere acquistato presso
www.amazon.com
Seconda edizione, 2012

Il Centro di diritto arabo e musulmano
Fondato nel maggio 2009, il Centro di diritto arabo e musulmano offre delle consultazioni giuridiche, delle conferenze, delle traduzioni, delle ricerche e dei corsi sul diritto arabo e musulmano e le relazioni tra musulmani e occidentali. Permette, inoltre, di scaricare gratuitamente dal sito www.sami-aldeeb.com un buon numero di scritti.

L'autore
Sami A. Aldeeb Abu-Sahlieh: Cristiano di origine palestinese. Cittadino svizzero. Dottore in legge. Abilitato a dirigere ricerche (HDR). Professore delle università (CNU-Francia). Responsabile del diritto arabo e musulmano all'Istituto svizzero di diritto comparato (1980-2009). Visiting professor in varie università in Francia, Italia e Svizzera. Direttore del Centro di diritto arabo e musulmano. Autore di tanti libri e di una traduzione francese, italiana e inglese del Corano.

Edizioni
Centre de droit arabe et musulman
Ochettaz 17
Ch-1025 St-Sulpice
Tel. fisso: 0041 [0]21 6916585
Tel. portabile: 0041 [0]78 9246196
Sito: www.sami-aldeeb.com
Email: sami.aldeeb@yahoo.fr
© Ogni diritto riservato 2012

Sommario

Osservazioni generali

Trascrizione

L'alfabeto arabo si presta a varie forme di trascrizione. Evito la forma erudita trop-po complicata per un lettore non specializzato. Do le equivalenze di alcune lettere arabe:

'	ع + ء	gh	غ
kh	خ	u + w	و
d	د + ض	i + y	ي
dh	ذ + ظ	t	ت + ط
sh	ش	h	هـ + ح
s	س + ص	j	ج

Citazioni del Corano

Le citazioni del Corano nel testo sono tratte soprattutto dalla traduzione di Hamza Piccardo (http://www.Corano.it/menu_sx.html) e da quella di Gabriele Mandel: *Il Corano*, traduzione e apparati critici, UTET, Torino, 2004, comparate all'originale arabo. Le cifre tra parentesi nel testo e nelle note senza altra menzione rinviano alla classificazione del Corano secondo l'edizione del Cairo del 1923.

Introduzione

I musulmani costituiscono oggi circa un quinto della popolazione mondiale, e possono essere suddivisi in due grandi gruppi: i sunniti, circa il 90%, e gli sciiti, circa il 10%. Cinquantasette paesi fanno parte dell'Organizzazione della Conferenza islamica[1], di cui ventidue formano la Lega araba[2]. Nelle costituzioni della maggior parte dei paesi arabi, l'islam è menzionato come religione di stato e/o il diritto musulmano come una delle fonti principali, o addirittura la fonte principale del diritto. Il solo paese arabo la cui costituzione non menziona l'islam è il Libano.

Sul piano formale, il diritto musulmano copre principalmente il diritto della famiglia e delle successioni e, in certi paesi, il diritto penale. Gli altri campi del diritto, come il diritto costituzionale, il diritto civile, il diritto commerciale, il diritto amministrativo ed il diritto processuale, sono retti da leggi riprese dell'Occidente. Stiamo dunque in un campo influenzato dal diritto religioso caratterizzato da tre costanti che sono altrettante sfide: essenza di unità giuridica, disuguaglianza tra l'uomo e la donna, e disuguaglianza tra musulmani e non musulmani. È l'oggetto dei tre primi capitoli del libro. In ciascuno di questi capitoli, presenteremo per quanto possibile le norme islamiche classiche, le leggi attualmente in vigore, i principali orientamenti dottrinali, ed infine le posizioni adottate dai progetti di leggi. Nel quarto capitolo parleremo dell'adesione e delle riserve dei paesi arabi ai documenti internazionli. E come l'Occidente conosce di più in più matrimoni misti, produciamo alla fine del libro un modello di contratto di matrimonio tra musulmani e non-musulmani il cui scopo è di prevenire i conflitti.

---

[1] www.oic-oci.org.
[2] www.arableagueonline.org.

Capitolo 1.
Assenza di unità giuridica

I. Il sistema islamico della personalità delle leggi

I musulmani considerano che la legge sia stata rivelata da Dio per mezzo di profeti inviati a differenti nazioni. Maometto ha tentato di sottomettere le altre comunità alla sua religione e alle sue leggi, ma senza successo. Ha finito per ammettere che questa divisione in comunità diverse è voluta da Dio, ed egli si è limitato a chiedere alle differenti comunità di farsi concorrenza nel compiere il bene, rimettendo a Dio, nella prossima vita, l'appianamento delle loro divergenze[1]. Dio giudicherà allora ogni comunità secondo la legge religiosa[2] che la governa. Maometto ha imposto ai musulmani di credere a tutti i profeti[3] sebbene considerasse la sua religione come universale, l'unica di valore e gradita a Dio[4].

Questa concezione della religione guida il sistema della personalità delle leggi, stabilito in base ai seguenti versetti:

> Facemmo scendere la Torah, fonte di guida e di luce. Con essa giudicavano tra i giudei, i profeti sottomessi a Dio, e i rabbini e i dottori. [...]. Coloro che non giudicano secondo quello che Dio ha fatto scendere, questi sono gli ingiusti. [...]. Facemmo camminare sulle loro orme Gesù figlio di Maria, per confermare la Torah che scese prima di lui. Gli demmo il Vangelo, in cui c'è guida e luce, a conferma della Torah che era scesa precedentemente: monito e direzione per i timorati. Giudichi la gente del Vangelo in base a quello che Dio ha fatto scendere. Coloro che non giudicano secondo quello che Dio ha fatto scendere, questi sono gli iniqui. E su di te abbiamo fatto scendere il Libro con la Verità, a conferma della Scrittura che era scesa in precedenza e lo abbiamo preservato da ogni alterazione. Giudica tra loro secondo quello che Dio ha fatto scendere, non conformarti alle loro passioni allontanandoti dalla verità che ti è giunta. A ognuno di voi abbiamo assegnato una via e un percorso. Se Dio avesse voluto, avrebbe fatto di voi una sola comunità. Vi ha voluto però provare con quel che vi ha dato. Gareggiate in opere buone: tutti ritornerete a Dio ed egli vi informerà a proposito delle cose sulle quali siete discordi (5:44-48).

Il Corano ammette la coabitazione tra le comunità musulmane e altre comunità:

> In verità coloro che credono, siano essi giudei, nazareni o sabei, tutti coloro che credono in Dio e nell'Ultimo Giorno e compiono il bene riceveranno il compenso presso il loro Signore. Non avranno nulla da temere e non saranno afflitti (2:62).

---

[1] 2:148; 2:213; 5:48; 10:19; 11:118; 16:93; 42:8.
[2] 2:120; 2:145; 45:28.
[3] 2:4-5; 2:136; 2:177; 2:285; 3:84; 3:179; 4:136; 4:150-152; 4:171; 5:59; 29:46; 42:15; 57:19.
[4] 3:19; 3:85; 7:158; 25:1; 34:28.

Coloro che credono, i giudei, i sabei o i nazareni e chiunque creda in Dio e nell'Ultimo Giorno e compia il bene, non avranno niente da temere e non saranno afflitti (5:69).

E certamente, nel Giorno della Resurrezione, Dio giudicherà tra coloro che hanno creduto, i giudei, i sabei, i cristiani, i magi e coloro che associano altri a Dio. In verità Dio è testimone di ogni cosa (22:17).

In questi versetti, il Corano ammette, oltre alla comunità musulmana, le comunità che hanno un libro rivelato (la Gente del Libro) e i politeisti. Ma questi ultimi sono poi stati osteggiati, e hanno dovuto scegliere fra il difendersi combattendo fino alla morte oppure il convertirsi all'islam (9:1-5). Inoltre, la Gente del Libro dell'Arabia non ha avuto il diritto di soggiornarci mantenendo la sua religione. Sul letto di morte, Maometto avrebbe chiamato 'Umar (d. 644), il futuro secondo califfo e gli avrebbe detto: "Non devono esistere due religioni nella penisola araba"[1]. Riportando questa parola, Mawerdi (d. 1058) scrisse: "Ai tributari non fu permesso di stabilirsi nell'Higaz; non potevano soggiornarvi in alcun luogo per più di tre giorni". Perfino i loro cadaveri non potevano esservi sepolti e, "se ciò ha avuto luogo, saranno esumati e trasportati altrove, poiché la sepoltura equivale a una residenza"[2].

In virtù di questo passaggio, lo Stato musulmano manteneva il potere politico, ma non aveva il potere di legiferare né per i musulmani, né per i non musulmani, poiché la legge era in mano a Dio e non agli uomini.

In base a questo sistema, ogni comunità aveva i suoi tribunali e le sue leggi. Queste leggi erano inevitabilmente diverse fra loro. Così, se il musulmano poteva sposare fino a quattro donne, il cristiano non ne poteva sposare che una sola. Al musulmano era vietato bere vino e mangiare carne di maiale, mentre al cristiano era concesso. Il musulmano poteva sposare fino a quattro donne, anche cristiane o ebree, ma il cristiano e l'ebreo non avevano il diritto di sposare una musulmana. I figli nati da un matrimonio misto tra un musulmano e una cristiana o un'ebrea, dovevano essere musulmani. In materia d'eredità, il diritto musulmano proibiva la successione ereditaria tra persone appartenenti a comunità religiose diverse. Così una moglie cristiana o ebrea non riceveva niente in eredità dal marito musulmano defunto, e neppure dai propri figli (musulmani) se defunti. Allo stesso modo, il marito musulmano e i suoi figli non ereditavano dalla moglie cristiana. In materia di libertà di religione o d'espressione, un cristiano poteva sempre diventare musulmano (e sposare quattro donne), ma un musulmano non poteva mai abbandonare la sua fede. Infatti, all'apostata venivano tolti la moglie, i figli e i beni, e veniva condannato alla pena di morte. Chi lo spingeva a convertirsi rischiava la medesima punizione. Il cristiano poteva praticare la sua religione a condizione di accettare delle restrizioni relative alla costruzione di chiese. Soprattutto, non poteva criticare la fede musulmana, mentre il musulmano era libero di criticare la fede cristiana pur essendo tenuto a rispettare i profeti che avevano preceduto Maometto.

---

[1]   Malik: Muwatta' Malik, detto 1388.
[2]   Mawerdi: Les statuts gouvernementaux, Le Sycomore, Parigi, 1982, p. 357.

Questo sistema della personalità delle leggi è stato rispettato durante tutta l'esistenza dell'impero ottomano (ed è stato confermato successivamente dal decreto ottomano del 1856 chiamato *Hatti Humayun*). Non valeva solo per i cittadini dell'impero musulmano, ma valeva anche per gli stranieri.

Il diritto musulmano divide il mondo in due parti: *Dar al-islam* (terra dell'islam), e *Dar al-harb* (terra della guerra) o *Dar al-kufr* (terra della miscredenza). Trovatisi in situazione di debolezza, i paesi musulmani hanno concluso dei trattati di pace col nemico, ed in seguito il paese nemico è diventato un *Dar 'ahd* (terra di trattato). I trattati non dovevano essere vincolanti per più di dieci anni. Inoltre, il Corano permette a un nemico che desidera sentire la parola di Dio, di entrare in terra islamica, munito di salvacondotto:

> Se qualche associatore ti chiede asilo, concediglielo affinché possa ascoltare la parola di Dio, e poi rinvialo incolume. Ciò in quanto è gente che non conosce! (9:6).

Da queste due regole è nato il sistema delle capitolazioni, grazie al quale i non musulmani beneficiavano di privilegi tanto commerciali quanto giurisdizionali, nei paesi musulmani. Questo sistema funzionava già nei paesi non musulmani. Così, nel 1060, l'imperatore di Costantinopoli accordò ai Veneziani il diritto di far giungere dei propri magistrati per giudicare le dispute nate fra loro e i soggetti appartenenti all'impero. Nel 1111, Venezia si assicurò il diritto di avere una sua agenzia commerciale a San Giovanni d'Acro, e dodici anni più tardi, il Regno di Gerusalemme le promise un diritto esteso sulla città, con esonero dal pagamento di tasse e, un diritto di giurisdizione[1]. Nel 1535, Francesco I e Solimano II stesero una capitolazione composta da 17 capitoli dove si trovano celati un trattato di commercio e un trattato di stabilimento. L'articolo 6 enuncia: "È stato promesso espressamente, concluso e accordato che i commercianti, gli agenti e i servitori, e ogni altro soggetto dipendente dal Re non possono essere mai malmenati, né giudicati dai cadì, dai sandjac-bey, dai sousbachi né da altri che non siano l'Excelse-porta, e che non possano essere presi per Turchi, se non sono loro stessi a volerlo o a dichiararlo verbalmente, senza esservi costretti con la violenza, ma che possano legittimamente praticare la loro religione". L'articolo 15 della capitolazione francese del 1740, uguale in tutte le altre capitolazioni, enuncia: "Se viene commesso qualche omicidio o accade qualche altro disordine fra Francesi, i loro ambasciatori e i loro consoli decideranno secondo i loro usi e costumi, senza che nessuno dei nostri ufficiali possa influenzarli a questo riguardo." Questo potere giurisdizionale si estendeva agli stranieri i cui paesi non beneficiavano di capitolazione, e pure a certi ottomani che avevano dei legami coi paesi stranieri in qualità d'interpreti, d'intermediari o di droghieri, di persone che gli ambasciatori o consoli adoperavano al loro servizio, di mediatori indigeni per i commercianti europei, soprannominati designati da essi "censori"[2].

---

[1] Abi-Chahla, Habib: Extinction des capitulations en Turquie et dans les régions arabes, Piccart, Parigi, 1924, p. 17-20.
[2] Pélissié du Rausas, Gérard: Le régime des capitulations dans l'empire ottoman, 2 vol., Rousseau, Parigi, 1905-1910, vol. I, p. 6-7.

II. La personalità delle leggi nell'impero ottomano e la sua abolizione in Turchia

L'applicazione del sistema della personalità delle leggi si estendeva ai musulmani stessi, e veniva praticato in differenti scuole giuridiche, dando luogo a soluzioni divergenti per uno stesso problema, cosa di cui si lamenta Ibn-al-Muqaffa' (d. 756) nella sua lettera inviata al Califfo Al-Mansur (d. 775):

> Una delle questioni che deve attirare l'attenzione del comandante dei credenti [...] è la mancanza d'uniformità, la contraddizione nelle sentenze pronunciate; queste divergenze sono gravi [...]. Ad Al-Hira, la pena di morte e i reati di carattere sessuale sono considerati legali, mentre non lo sono a Kufa. All'interno della stessa Kufa quello che è legale in una zona, non lo è in un'altra [...]. Se gli pare opportuno, il comandante dei credenti può ordinare che queste sentenze e prassi giudiziarie divergenti gli siano mandate in fascicolo, accompagnate dalle tradizioni e soluzioni analoghe di ciascuna scuola; se poi il comandante dei credenti esaminasse questi documenti ed esprimesse su ogni caso il parere che Dio gli ispira; se egli si attenesse fermamente a questa opinione e proibisse ai cadì di discostarsene; se facesse infine di queste decisioni un corpus completo, potremmo sperare che Dio trasformi questi giudizi, ove l'errore si mescola alla verità, in un unico e giusto codice[1].

Probabilmente in seguito a questa lettera, il Califfo Al-Mansur chiese a Malik (d. 795), di redigere il suo famoso libro *Al-Muwatta*[2]. Il Califfo voleva imporre questo libro all'insieme dei musulmani, ma Malik glielo sconsigliò perché ogni regione aveva le sue fonti di Sunnah che seguiva e alle quali credeva[3].

L'impero ottomano ha provato a mettere fine al sistema suddetto ma non ci è riuscito definitivamente che con la nascita della repubblica turca.

La prima tappa fu la risoluzione dei conflitti interni al sistema che reggeva i musulmani stessi. L'impero ottomano ha cominciato a imporre la scuola hanafita come sola scuola ufficiale sul suo territorio, a livello giuridico, lasciando agli individui la libertà di scegliere le loro scuole per le questioni di culto. La maggioranza della popolazione egiziana appartiene così, per esempio, alla scuola shafi'ita sul piano cultuale, ma sul piano giuridico, segue la scuola hanafita. E siccome anche la scuola hanafita presentava delle opinioni divergenti, l'impero ottomano promulgò la famosa *Majallah* di 1851 articoli. Elaborato tra il 1869 e il 1876, questo codice[4] include il diritto relativo alle obbligazioni, il diritto relativo ai beni reali e il diritto giudiziario. Le questioni relative allo statuto personale sono state codificate solo nel 1917. Quest'ultima codifica, sebbene formulata in modo imperfetto, fu rivolu-

---

[1] Pellat, Charles: Ibn Al-Muqaffa' mort vers 140/757, Conseilleur du Calife, (Texte et traduction de Risala fi l-Sahaba), Maisonneuve e Larose, Parigi, 1976, p. 40-44.

[2] Traduzione francese: Malik: Al-muwatta: synthèse pratique de l'enseignement islamique, Al-Bouraq, Paris, 2004.

[3] Hamdan, Nadhir: Al-muwatta'at lil-imam Malik, Dar al-qalam, Damasco e Al-Dar al-shamiyyah, Beirut, 1992, p. 67-68.

[4] Traduzione francese: Young George: Corps de droit ottoman, vol. 6: Code civil ottoman, Clarendon Press, Oxford, 1906, p. 169-446.

zionaria per diversi motivi. Comportava delle disposizioni progressiste applicabili a tutti i cittadini che s'ispiravano alle diverse scuole sunnite, e delle disposizioni speciali che riflettevano alcune leggi ebraiche e cristiane applicabili agli ebrei e ai cristiani. Inoltre, istituiva un'unità giurisdizionale in materia di diritto di famiglia: gli stessi tribunali erano incaricati di applicare le disposizioni di legge relative ai giustiziabili secondo la loro religione. Ma questo codice non ha avuto praticamente il tempo di essere applicato, poiché fu abrogato due anni più tardi sotto la pressione della classe religiosa che si opponeva a ogni riforma, e sotto quella delle forze alleate intervenute per proteggere i privilegi, falsamente considerati lesi, delle comunità non musulmane dell'impero[1].

La seconda tappa è consistita, secondo il trattato di Losanna del 24 luglio 1923, nell'abolizione dei diritti, iscritti nelle capitolazioni, dei paesi stranieri, e nell'abolizione dei diritti che l'impero ottomano vantava sui musulmani viventi fuori dalle sue frontiere, come pure sui cittadini musulmani residenti in paesi staccati dall'impero. Le par. 1 e 2 dell'articolo 42 di questo trattato hanno mantenuto tuttavia il sistema della personalità delle leggi all'interno della Turchia. Questo articolo enuncia:

> Il governo turco gradisce prendere a riguardo delle minoranze non musulmane, per quanto concerne il loro statuto familiare o personale, tutte le disposizioni che permettano loro di regolamentare queste questioni secondo i loro usi.

> Queste decisioni saranno elaborate dalle commissioni speciali composte da un ugual numero di rappresentanti del governo turco e rappresentanti di ciascuna delle minoranze interessate. In caso di divergenze, il governo turco e il Consiglio della società delle Nazioni designeranno di comune accordo un arbitro neutrale, scelto tra i giureconsulti europei [...].

L'8 aprile 1924, una legge ha abolito i tribunali religiosi musulmani. Due anni dopo, la Turchia ha adottato il codice civile svizzero che comprende il diritto di famiglia e di successione. Questo ha portato le comunità non musulmane a cedere i loro privilegi giurisdizionali e legislativi. Segnaliamo qui che il codice turco non è una semplice traduzione in turco del codice civile svizzero. Difatti, un certo numero dei suoi articoli, particolarmente per quanto riguarda il matrimonio e il divorzio, sono stati modificati in conformità col codice di famiglia del 1917[2]. In più, sebbene il codice civile turco vieti la poligamia come il codice civile svizzero, la Turchia ricorre a leggi di amnistia, a intervalli più o meno regolari, per legittimare dei figli generati da matrimoni effettivamente poligami[3].

---

[1] Zwahlen, Marie: Le divorce en Turquie, contribution à l'étude de la réception du code civil suisse, Droz, Ginevra, 1981, p. 60-61.
[2] Sulla differenza tra il codice civile svizzero e il codice civile turco, v. Miller, Ruth A.: The Ottoman and islamic substratum of Turkey's Swiss civil code, in: Journal of islamic Studies, vol. XI, no. 3, settembre 2000, p. 335-361; Zwahlen, op. cit., p. 71-73.
[3] Postacioglu Ilhan E.: L'adoption du Code civil suisse en Turquie et les points culminants de la réforme en cours, in: L'évolution récente du droit privé en Turquie et en Suisse, Schulthess, Zurigo, 1987, p. 11; Zwahlen, op. cit., p. 75-78.

III. La personalità delle leggi nei paesi arabo-musulmani

Ciò che ha detto nell'ottavo secolo Ibn-al-Muqaffa' (d. 756) in materia di diritto di famiglia, è ancora valido in certi paesi arabi, per musulmani e non musulmani. Si possono classificare i paesi in diverse categorie:

-   I paesi che hanno stabilito un sistema unificato a livello legislativo e giudiziario, per tutti i loro cittadini. Così, in Tunisia, dal 1956, tutti i cittadini tunisini, indipendentemente dalla loro appartenenza religiosa, sono sottomessi a un codice di statuto personale unificato e solo i tribunali dello Stato sono autorizzati a fare giustizia[1]. Ciò non significa che la legge li tratti tutti con uguaglianza. Il non musulmano per esempio è sempre impossibilitato a sposare una musulmana (art. 5).

-   I paesi che non dispongono ancora di diritto di famiglia codificato per i loro cittadini musulmani. In questi paesi, i giudici si riferiscono agli scritti classici di diritto musulmano, i quali presentano punti di vista contradditori. È il caso, per esempio, dell'Arabia saudita e del Bahrain. Il Qatar ha avuto il suo codice di famiglia nel 2006 e gli Emirati arabi uniti nel 2005.

-   Alcuni paesi arabi in cui i musulmani sono sottomessi a giurisdizioni differenti, le quali si riferiscono alle loro particolari correnti religiose. Così nel Libano e nel Bahrain, esistono una giurisdizione per i sunniti e un'altra per gli sciiti, ciascuna con le sue leggi non codificate.

-   Paesi come il Libano, la Giordania, la Siria e l'Iraq che continuano a riconoscere le leggi religiose e le giurisdizioni delle comunità tanto musulmane quanto non musulmane. In base a quanto ci è noto, l'Iraq rappresenta il caso estremo, poiché riconosce ufficialmente, oltre alle comunità musulmane sunnite e sciite, 17 gruppi religiosi non musulmani[2].

-   L'Egitto, in cui lo Stato ha soppresso tutte le giurisdizioni delle diverse comunità religiose, colla legge 642/1955, sebbene le loro leggi rimangano in vigore. Oltre al sistema legislativo musulmano, esistono comunque in Egitto parecchi sistemi legislativi cristiani ed ebraici. In merito alla comunità musulmana, invece di avere un codice di famiglia coerente, l'Egitto dispone di parecchie leggi incomplete che ne regolano differenti aspetti. A causa dell'importanza di questo paese, lo analizzeremo in dettaglio nel seguente punto.

Segnaliamo che l'accesso alle leggi è estremamente difficile per certe comunità. I tribunali pubblicano raramente le loro decisioni, ciò che aggrava il problema della poca chiarezza a livello legislativo nei paesi che non dispongono di un codice come l'Arabia saudita. Aggiungiamo che l'istanza di ricorso per la comunità cattolica è localizzata al Vaticano. Ciò che rappresenta una violazione alla sovranità nazionale egiziana.

---

[1]   Le corti rabbiniche sono state soppresse il 27 settembre 1956.
[2]   Si tratta delle seguenti comunità: caldei, assiri, assiri anziani, siriani ortodossi, siriani cattolici, armeni ortodossi, armeni cattolici, greci ortodossi, greci cattolici, latini, evangelisti, assiri protestanti, avventisti, copti ortodossi, yaziditi, sabei e ebrei (Official Gazette, no 38, vol. 25, 1982, p. 7).

IV. La personalità delle leggi in Egitto

L'Egitto, sotto l'impero ottomano, era sottomesso alle leggi e ai trattati dell'impero, e quindi alle capitolazioni. A queste vennero ad aggiungersi le leggi consolari e gli usi e costumi imperiali che costituivano altrettante deroghe alla sovranità egiziana in materia legislativa e giudiziale[1]. L'influenza delle capitolazioni è cessata soltanto a decorrere dal 14 ottobre 1949, grazie alla Convenzione di Montreux, datata 1937[2]. Il giorno dopo è entrato in vigore il codice civile egiziano, quale segno di recupero della sovranità legislativa egiziana rispetto al dominio estero. Nonostante la sua importanza, questo codice risulta incompleto se comparato al codice svizzero o francese. Difatti, non sviluppa il diritto di famiglia e contiene solamente alcune disposizioni in merito a successione (875-917) e testamento (915-917). La legislazione in questi campi è rimasta influenzata dalle norme religiose, applicate diversamente dai tribunali delle differenti comunità religiose. Un'evoluzione importante è sopraggiunta tuttavia con la legge 462/1955 che ha abolito questi tribunali, senza intaccare le leggi religiose. Cominciamo con l'esporre la situazione esistente prima dell'introduzione di questa legge.

1) Situazione prima dell'introduzione della legge 462/1955

In Egitto, come in altri paesi arabi che facevano parte dell'impero ottomano, i non musulmani hanno continuato in materia di statuto personale a essere retti dalle loro leggi religiose, applicate dai loro tribunali, in virtù del decreto ottomano del 1856 chiamato Hatti Humayun. La legge 8 del 1915 promulgata dall'Egitto ha reintrodotto questa autonomia, reintroduzione motivata dal fatto che per attuare delle riforme è necessario uno studio serio e approfondito, che la guerra impedisce temporaneamente di compiere. La reintroduzione propone la continuità della situazione tramandata dall'impero ottomano fino a nuovo ordine.

Questo sistema ha creato gravi problemi e conflitti nelle questioni che vedevano coinvolte persone appartenenti a differenti comunità religiose. Gli uffici amministrativi incaricati dell'esecuzione delle sentenze, si trovavano spesso davanti a decisioni contraddittorie prese da ciascuno di questi tribunali, che si credevano l'uno più competente dell'altro.

Per limitare i conflitti tra questi tribunali, la legge 13/1925 unificò le norme giuridiche riguardo la tutela, la curatela e l'interdizione, e relegò le competenze dei tribunali religiosi in un unico organismo chiamato *Majlis hisbi*. Talvolta questo raggruppamento ha indebolito il potere decisionale dei tribunali non musulmani, come nel caso della legge 77/1943 sulla successione e nel caso della legge 71/1946 sul testamento. Sono state infatti le leggi dei tribunali musulmani che hanno preso piede rispetto alle leggi dei tribunali non musulmani.

---

[1]   Gasche, Robert: Le statut juridictionnel des étrangers en Égypte, École professionnelle Don Bosco, Alessandria, 1949, p. 50-56.
[2]   Testo della convenzione in: Aghion, Raoul e Feldman, I. R.: Les actes de Montreux, abolition des capitulations en Égypte, Pedoue, Parigi, 1937, p. 43-75.

2) Soppressione dei tribunali religiosi

I tribunali religiosi furono soppressi dalla legge 462/1955, entrata in vigore il primo gennaio 1956. Le loro competenze furono trasferite ai tribunali nazionali (art. 1). Il memorando di questa legge giustifica questa soppressione come segue:

- Conformarsi alle regole di diritto pubblico, che tiene conto della sovranità dello Stato in campo legislativo e giudiziale;
- Mettere fine all'anarchia che regna a causa della molteplicità delle giurisdizioni;
- Mettere fine all'accumulo di sentenze contraddittorie;
- Mettere fine ai lamenti formulati in base alla situazione precedente;
- Mettere fine ai tentativi di riforma che davano risultati frammentari.

Le autorità religiose cristiane ed ebraiche hanno reagito vivamente contro questa legge ma rari furono le reazioni sfavorevoli da parte dei musulmani, e non a caso. I tribunali religiosi musulmani furono soppressi solamente in modo formale, ma non sostanziale. Difatti, secondo l'articolo 4 della legge 462/1955, il presidente del Tribunale supremo musulmano fa parte del Tribunale di cassazione, in qualità di membro. Uno dei tre membri che compongono la Corte di appello, e uno o due dei tre giudici che presiedono il Tribunale di prima istanza potrebbero essere scelti fra i cadì. Ne è parimenti per quanto riguarda la nomina del presidente del Tribunale di prima istanza. L'articolo 9 stipula che i cadì di tutti i gradi saranno riciclati in seno alle giurisdizioni nazionali o alle commissioni di statuto personale o ai comitati tecnici del Ministero della Giustizia. L'articolo 10 riabilita gli avvocati dei tribunali musulmani a operare nei tribunali nazionali. Non si dice affatto che fine faranno i giudici e gli avvocati dei tribunali non musulmani.

3) Mantenimento delle leggi religiose

La legge 462/1955 suddetta ha abolito i tribunali, ma non ha intaccato le leggi religiose. Si è limitata a stabilire negli articoli 6 e 7 delle regole per risolvere i conflitti tra queste leggi:

Articolo 6 – 1) Nei litigi in materia di statuto personale e di waqf di cui erano competenti i diversi tribunali religiosi, le sentenze saranno elaborate in accordo a quanto dice l'articolo 280 del decreto-legge concernente l'organizzazione di questi tribunali.

2) In merito ai litigi in materia di statuto personale degli egiziani non musulmani, uniti per comunità e per confessione, i quali avevano già delle giurisdizioni comunitarie organizzate al momento della promulgazione di questa legge, le sentenze saranno pronunciate secondo la loro legislazione, in conformità tuttavia con l'ordine pubblico.

Articolo 7 - Il cambiamento di comunità o di confessione di una delle parti durante il procedere dell'istanza, non influisce sull'applicazione del par. 2 del precedente articolo, a meno che il cambiamento non sia per aderire all'islam; in quest'ultimo caso, si applicherà la disposizione del par. 1 del precedente articolo.

L'articolo 280 del decreto-legge 78/1931 menzionato all'articolo 6 stipula: "Le decisioni sono prese conformemente alle disposizioni di questa ordinanza e alle più autorevoli opinioni di Abu-Hanifah, salvo per quanto riguarda i casi retti da una legge dei tribunali religiosi".

La legge 462/1955 e il decreto 78/1931 sono stati abrogati dalla legge 1/2000, ma l'articolo 3 comporta una disposizione quasi simile:

> Le decisioni sono prese conformemente alle leggi di statuto personale e dei waqf in vigore. Per quanto riguarda le questioni non regolamentate da un testo di queste leggi, si applicano le opinioni più autorevoli della scuola di Abu-Hanifah.

> In merito ai litigi in materia di statuto personale degli egiziani non musulmani, uniti per comunità e per confessione, i quali hanno già avuto delle giurisdizioni comunitarie organizzate fino al 31 dicembre 1955, le sentenze saranno pronunciate secondo la loro legislazione, in conformità tuttavia dell'ordine pubblico.

4) Comunità di cui le leggi sono mantenute

L'articolo 6 della legge 462/1955 e l'articolo 3 della legge 1/2000 considerano indirettamente il diritto musulmano, codificato dallo Stato, come il diritto d'uso comune. Le lacune di questo diritto sono colmate dalle opinioni più autorevoli della scuola di Abu-Hanifah. Sono considerate come leggi eccezionali, le leggi delle comunità che avevano delle giurisdizioni comunitarie organizzate fino al 31 dicembre 1955. La legge 462/1955 non indica quali siano queste comunità, ma il memorando parla di quattordici comunità confessionali. Si tratta delle seguenti comunità:

- La comunità musulmana.
- Quattro comunità ortodosse: copti ortodossi; greci ortodossi; armeni ortodossi; siriani ortodossi.
- Sette comunità cattoliche: copti cattolici; greci cattolici; armeni cattolici; siriani cattolici; maroniti; caldeani; latini.
- Una comunità protestante suddivisa in più di 150 gruppi per origine etnica diversa.
- Tre comunità ebraiche: caraiti; askenaziti; sefarditi.

Il numero delle comunità e confessioni riconosciute è esauriente. Ne sono esclusi gruppi religiosi come i Testimoni di Geova e i Bahai. Questi ultimi sono considerati come i dissidenti dell'islam, e dunque degli apostati ai quali vanno applicate le norme musulmane relative all'apostasia. Il loro matrimonio non è riconosciuto. Sono spesso oggetto di persecuzione da parte dello Stato[1].

---

[1] V. Aldeeb Abu-Sahlieh, Sami Awad: L'impact de la religion sur l'ordre juridique, cas de l'Égypte, non-musulmans en pays d'islam, Éditions universitaires, Friburgo, 1979, p. 266-267, 284.

5) Campi di applicazione delle leggi religiose

Sebbene il diritto egiziano abbia un ruolo importante nel mondo arabo, a livello di codice civile[1], questo diritto presenta molto disordine in materia di statuto personale, non solo a causa della presenza di differenti leggi comunitarie, ma anche poiché manca un codice di famiglia coerente e unificato, per la principale comunità religiosa, ovvero per la comunità musulmana. Diamo qui un'idea delle differenti leggi esistenti e applicabili in Egitto, in materia di statuto personale.

A) Campi sottomessi alle leggi statali comuni

I campi sottomessi alle leggi delle differenti comunità religiose, sono stati ridotti progressivamente, in quanto sottomessi oramai a leggi unificate. Si tratta dei seguenti campi:

- La successione e il testamento: sono rette rispettivamente dalla legge 77/1943 e dalla legge 71/1946, tutte e due d'ispirazione musulmana. L'articolo 1 della legge 25/1944 relativa alla legge applicabile in materia di successione e di testamento sottomette questi due campi alle norme musulmane, ma quando il defunto è un non musulmano, permette agli eredi di mettersi d'accordo perché la successione sia sottomessa alla legge del defunto. Le due leggi 77/1943 e 71/1946 sono completate rispettivamente dagli articoli 875-914 e 915-917 del Codice civile. L'articolo 875 par. 1 del CC dice: "La determinazione degli eredi e delle parti che devono ereditare, e la modalità da seguire per la devoluzione dei beni successori, sono rette dalle regole di diritto musulmano e dalle leggi che lo riguardano". L'articolo 915 aggiunge: "Il testamento è retto dalle regole di diritto musulmano e leggi relative". Il mantenimento dell'eccezione prevista dall'articolo 1 della legge 25/1944 è oggetto di controversie. Persino quelli che sono favorevoli al mantenimento di questa eccezione pensano che debba riguardare solamente la determinazione delle parti degli eredi. Il resto è retto dalla legge unificata musulmana[2].

- La tutela sulla persona: retta dalla legge 118/1952. Questa legge è completata dalla legge 1/2000.

- La tutela sui beni: retta dalla legge 119/1952. Questa legge è completata dalla legge 1/2000.

- Lo status personale e la capacità. Sono retti dagli articoli 29-51 del codice civile come segue: gli articoli 29-32 trattano dell'inizio e della fine della personalità. L'articolo 33 rinvia alla legge sulla determinazione della nazionalità. Gli articoli 34-37 trattano della parentela e delle unioni; gli articoli 38 e 39, del nome e del cognome; gli articoli 44-48, della capacità; l'articolo 49, dell'inalienabilità

---

[1] Questo codice è servito come modello a molti codici civili dei paesi arabi: Sudan, Somalia, Libia, Algeria, Siria, Iraq, Giordania, Yemen, Emirati arabi uniti, Bahrain e Qatar. È servito anche come modello al progetto di codice unificato della Lega araba e al progetto di codice unificato del CCG.

[2] V. su questo dibattito Aldeeb Abu-Sahlieh: L'impact de la religion, op. cit., p. 143-145. Mansur, Muhammad Husayn: Al-nidham al-qanuni lil-usrah fil-shara'i ghayr al-islamiyyah, Dar al-jami'ah al-jadidah, Alessandria, 2003, p. 18-22; Salim, Isam Anwar: Usul al-ahwal al-shakhsiyyah li-ghayr al-muslimin, Dar al-matbu'at al-jami'iyyah, Alessandria, 2004, p. 102-113.

della personalità; l'articolo 50, della possibilità di ricorrere al giudice in caso di attentato alla personalità; infine l'articolo 51, parla della protezione del nome.

- La donazione: retta dagli articoli 486-504 del codice civile.
- Il divorzio con riscatto (*khul'*): retto dall'articolo 20 della legge 1/2000.

B) Campi propri della comunità musulmana

A parte le leggi statali comuni, le questioni relative allo statuto personale dei musulmani sono rette dalle seguenti leggi:

- La legge 25/1920, modificata dalla legge 100/1985: queste due leggi trattano del versamento di alimenti durante il matrimonio e in caso di suo scioglimento a causa di apostasia o di divorzio; dell'incapacità di assicurare il versamento degli alimenti; dello statuto del nuovo matrimonio della moglie, nel caso in cui il suo ex-marito ritorni a casa.

- Il decreto-legge 25/1929 modificato dalla legge 100/1985: questi due testi trattano del divorzio; del versamento degli alimenti in seguito a divorzio; della dote; della custodia del figlio (*hadanah*); dell'ex-coniuge e dell'autorità parentale.

Queste leggi sono completate dalle leggi del 2000 e del 2004, di cui parleremo più in là. In caso di lacune nelle leggi comuni e nelle leggi suddette, bisogna riferirsi alle più autorevoli opinioni di Abu-Hanifah. I tribunali egiziani si riferiscono generalmente a un codice privato di statuto personale di 647 articoli redatto nel 1875 da Qadri Pacha[1], che comprende il diritto di famiglia e il diritto successorio secondo la scuola hanafita. Questo codice privato è stato tradotto subito in francese, ad uso dei tribunali misti[2].

C) Campi propri delle comunità non musulmane

I campi che non sono retti dalle leggi statali comuni, sono regolati dalle leggi proprie delle comunità non musulmane, come il campo matrimoniale e quello del divorzio. Queste comunità hanno comunque delle leggi che regolano gli altri campi, i quali sono retti dalle leggi statali unificate.

Affinché le leggi delle comunità non musulmane possano essere applicate, occorre che le persone implicate nel caso siano unite per comunità e per confessione. Se queste due condizioni non sono presenti, si considera generalmente che queste persone siano sottomesse al diritto comune, cioè al diritto musulmano. Tuttavia, non è comunque permesso a un copto cattolico sposato a una copta ortodossa di sposare quattro donne in virtù delle norme musulmane.

L'articolo 7 della legge 462/1955 aggiunge una precisazione sul cambiamento di religione: "Il cambiamento di comunità o di confessione di una delle parti durante il procedere dell'istanza, non influisce sull'applicazione del par. 2 del precedente articolo, a meno che il cambiamento non sia per aderire all'islam; in quest'ultimo caso, si applicherà la disposizione del par. 1 del precedente articolo". Sebbene la

---

[1] Qadri Pacha, Muhammad (d. 1888): Al-Ahkam al-shar'iyyah fil-ahwal al-shakhsiyyah 'ala madhhab al-imam Abi-Hanifah Al-Nu'man, Matba'at Hindiyyah, il Cairo, 4ª ed., 1900.

[2] Qadri Pacha, Muhammad (d. 1888): Code du statut personnel et des successions d'après le rite hanafite, Codes égyptiens et lois usuelles en vigueur en Égypte, il Cairo, 51ª ed., 1939.

legge 1/2000, che abroga la legge 462/1955, non includa una disposizione simile, si può supporre che questa disposizione resti comunque vigente in Egitto. L'applicazione di questo articolo implica che un coniuge potrebbe in ogni momento convertirsi all'islam ed essere sottomesso alle norme musulmane, mentre il cambiamento volto ad aderire ad un'altra religione che non sia l'islam non sarebbe preso in considerazione, a meno che non abbia luogo prima dell'azione giudiziaria. Questo articolo spinge spesso i cristiani a convertirsi all'islam per ottenere il divorzio, vietato (o d'ottenimento limitato) nelle comunità cristiane. Segnaliamo di seguito un caso curioso sul quale i tribunali egiziani hanno dovuto pronunciarsi.

Una moglie libanese, greca cattolica, sposata con un egiziano greco cattolico, ha dichiarato di voler lasciare la sua religione per la religione atea dei Faraoni. Ha chiesto di essere separata da suo marito in virtù dell'articolo 14 del codice civile che prescrive l'applicazione della legge egiziana se uno dei due congiunti è egiziano. Ora, siccome non era più unita per comunità e per confessione a suo marito, sarebbe stata la legge musulmana a dover essere applicata. Questa legge non permette il matrimonio tra un'atea e un *dhimmi*. Il tribunale di prima istanza del Cairo ha rigettato la sua richiesta considerando che la moglie fosse rimasta aderente alla sua religione d'origine, sebbene non credesse in Dio, perché era qualcosa che le apparteneva visceralmente. L'ateismo non è considerato una religione, perciò la persona deve rimanere in qualche modo aderente alla sua religione d'origine, finché non ne sceglie un'altra[1]. La moglie ha inoltrato un ricorso al tribunale d'appello del Cairo, il quale ha rigettato il ricorso, in quanto ha considerato questo cambiamento come abusivo, in quanto mirante solo a creare delle noie al marito. La moglie, non credendo più al Creatore, ha violato una regola relativa all'ordine pubblico egiziano: "Perciò la ricorrente non può sperare di essere protetta dalla legge, in quanto il suo è stato un atto bizzarro e spensierato, mirante alla realizzazione di scopi illegittimi e che danneggiano gli interessi altrui, compiuto credendo di essere spalleggiata dalla legge"[2]. Questo caso ha suscitato grandi discussioni nella dottrina egiziana[3].

Oltre al rispetto della condizione d'essere uniti per comunità e per confessione, l'applicazione delle leggi comunitarie è sottomessa alla condizione di non violare l'ordine pubblico. Questa norma è prevista dall'articolo 6 par. 2 della legge 462/1955 ripresa nell'articolo 3 par. 2 della legge 1/2000. La clausola relativa all'ordine pubblico, citata quale mezzo per bloccare l'applicazione di una legge, si ritrova all'articolo 28 del codice civile egiziano che dice: "L'applicazione della legge straniera in virtù degli articoli precedenti, sarà esclusa se è contraria all'ordine pubblico o al buon costume egiziano". L'inclusione di una tale clausola, relativa alle leggi comunitarie, mira in effetti a bloccare l'applicazione delle norme comunitarie, che sono considerate, in linea di principio ma non sempre, in opposizione alle norme musulmane. Non si tratterebbe qui di scartare a priori l'applicazione di ogni norma non musulmana che differisce delle norme musulmane, altrimenti la clauso-

---

[1]   Corte di prima istanza del Cairo, 13.5.1958, in: Khafaji, Ahmad Rif'at e Jum'ah, Rabih Lutfi: Qada' al-ahwal al-shakhsiyyah, Maktabat al-nahda al-masriyyah, il Cairo, 1960, p. 187-188.
[2]   Corte d'appello del Cairo, 28.1.1959, in: Khafaji e Jum'ah, op. cit., p. 527-528.
[3]   V. Aldeeb Abu-Sahlieh: L'impact de la religion, op. cit., p. 211-212.

la dell'ordine pubblico significherebbe sostituzione pura e semplice delle norme non musulmane con le norme musulmane[1].

Tra le norme giudicate come contrarie all'ordine pubblico egiziano, si cita:

- La norma ebraica del levirato, prevista dal Deuteronomio 25:5-10 e ripresa all'articolo 36 del codice di Ibn-Sham'un (fonte per gli ebrei rabbinati in materia di statuto personale) che enuncia: "La moglie il cui marito muore senza lasciare figli, è considerata come moglie del fratello o dello zio paterno del defunto, *de jure*, se quest'ultimo li aveva. Non può sposarsi con un altro finché è vivo, a meno che questi non la rifiuti". Si considera che questa disposizione è contraria al principio d'inalienabilità dei diritti civili previsto all'articolo 49 del Codice civile. Ma ciò è fonte di dibattito nella dottrina egiziana.

- L'articolo 69 della collezione data 1938 dei copti ortodossi che stipula: "Ciascuno dei due congiunti può contrarre matrimonio dopo la decisione di divorzio, salvo quando la decisione vieta a uno dei congiunti o a entrambi di farlo. In questo caso, quello a cui è stato imposto il divieto non può contrarre matrimonio, o lo può fare soltanto dopo avere ottenuto un permesso dal Consiglio comunitario". L'articolo 64 della collezione data 1955 prevede la stessa proibizione, ma non include la clausola relativa al permesso dato dal Consiglio comunitario.

- L'articolo 3 lett. b della collezione dei greci ortodossi, che considera l'esistenza di tre matrimoni precedenti come un impedimento assoluto a contrarne un quarto.

- Caso dell'apostata: contrariamente ai casi precedenti, qui è lo sposarsi (e non il non farlo) che è considerato come contrario all'ordine pubblico. L'islam non permette l'applicazione della legge comunitaria, anche se due persone sono unite per comunità e per confessione, nel caso in cui uno dei coniugi o entrambi sono stati musulmani in origine, o lo sono stati una volta nella loro vita. L'apostata è considerato come morto, e il morto non può sposarsi.

- L'interdizione del matrimonio in caso di differenza di religione: il diritto musulmano vieta il matrimonio di una musulmana con un non musulmano, indipendentemente dalla sua religione. Invece il musulmano ha il diritto di sposare una non musulmana, purché monoteista. Le leggi comunitarie vietano generalmente il matrimonio in caso di differenza di religione o di confessione. Questa interdizione non è presa in considerazione in Egitto, dove avvengono matrimoni fra musulmani e non musulmane.

6) Nuove leggi egiziane del 2000 e del 2004

Ciò che precede dimostra la molteplicità delle leggi egiziane in materia di statuto personale. Due leggi del 2000 e del 2004 si sono aggiunte alla confusione, poiché mischiano norme procedurali con norme di contenuto e, inglobano disordinatamente delle nozioni relative allo statuto personale, non precisando se le loro disposizio-

---

[1] Ivi, p. 173-176.

ni riguardano unicamente i musulmani, o tutti i cittadini egiziani, indipendentemente della loro religione. Presentiamo sommariamente queste due leggi.

A) La legge 1/2000 che regola certe questioni e la procedura in materia di statuto personale[1]. Indichiamo i punti più importanti:

L'articolo 1 della legge di promulgazione rinvia al codice di procedura civile e commerciale per le questioni non regolate da questa legge.

L'articolo 3 della legge di promulgazione comporta una disposizione simile all'articolo 6 della legge 462 del 1955. L'articolo 4 invece abroga quest'ultima legge (v. sopra in IV.3).

L'articolo 7 della legge vieta d'intraprendere un'azione di riconoscimento paterno dopo il decesso del *de cujus*, a meno che non esistano dei documenti ufficiali o scritti a mano da quest'ultimo favorevoli al procedimento, o esistano delle prove assolute in rapporto al legame di sangue.

Gli articoli 9-15 dicono quale sia il tribunale competente in materia d'incapacità e di tutela su persone e beni.

L'articolo 17 comporta tre restrizioni per l'azione relativa al matrimonio:

- Vieta un'azione in rapporto colla conclusione di un matrimonio, se la donna e il marito hanno meno di 18 anni (modificazione in Giugno 2008).

- In caso di contestazione del matrimonio, le azioni relative sono accettate solamente se il matrimonio è stato registrato in un documento ufficiale. Tuttavia, le azioni in favore del divorzio o dello scioglimento dell'unione sono accettate se questo matrimonio è attestato da uno scritto qualsiasi. Questa ultima disposizione riguarda in effetti i matrimoni consuetudinari molto diffusi in Egitto.

- Vieta al tribunale di deliberare su un'azione di divorzio relativa a due coniugi uniti per comunità e per confessione se la legge religiosa di questi coniugi non permette tale azione.

L'articolo 19 tratta della procedura di riconciliazione nei casi di divorzio.

L'articolo 20 permette ai due sposi di divorziare previo versamento di un riscatto (*khul'*).

Gli articoli 24 e 25 trattano dell'attestato di decesso e di chi può ereditare.

Gli articoli 26-64 trattano della tutela dei beni.

Gli articoli 65-79 trattano dell'affidamento del figlio e del versamento di alimenti in favore del figlio e della divorziata, ed incaricano la banca sociale Nasser di pagare questa pensione. Stabiliscono anche la creazione di un sistema assicurativo familiare, controllato da questa banca, allo scopo di assicurare il pagamento di questa pensione.

B) La legge 10/2004 che crea un tribunale per la famiglia[2]. Questo tribunale è competente nei campi trattati dalla legge 1/2000. Comporta un servizio di riconciliazione gratuito (art. 7). Il processo non può avere luogo che in caso di insuccesso

---

[1] www.assembly.gov.eg/EPA/ar/documents/LEGISLATIVES/LAWS/LA-2000-001.pdf.
[2] www.assembly.gov.eg/EPA/ar/documents/LEGISLATIVES/ASM_8/PDF04/L-2004-010.pdf.

della riconciliazione. Le decisioni della prima istanza possono essere oggetto di ricorso in appello, ma non in cassazione (art. 14). Lo scopo di questa legge è di concentrare tutti i processi simili, nelle mani di un solo tribunale specializzato.

7) Unificazione del diritto

A) Progetti governativi

Il sistema descritto più alto può essere considerato come tollerante, rispettoso della diversità religiosa, nella misura in cui permette alle differenti comunità religiose di applicare le loro leggi in certi campi. Ha tuttavia i suoi svantaggi:

- È anarchico: rimangono numerose leggi mal coordinate, talvolta difficili da comprendere esattamente.

- È anacronistico: rimangono vigenti delle norme che non hanno più ragion d'esistere, oggi.

- È settario: discrimina fra musulmani e non musulmani in diversi campi, e viola la libertà di scelta in campo religioso.

- È sessista: include numerose norme che violano i diritti della donna, così come sono definiti negli strumenti internazionali per la tutela dei diritti dell'uomo.

- Mette in pericolo la coesione nazionale mantenendo delle barriere tra le differenti comunità religiose, impedendo i matrimoni misti o permettendoli solamente a discapito delle comunità non musulmane, creando così un sentimento di frustrazione, ed impedisce la successione ereditaria fra membri di differenti comunità o permette tale successione solo se essa è in sfavore dei non musulmani.

L'unificazione dei tribunali religiosi di cui abbiamo parlato più alto ha provocato la collera delle comunità non musulmane, perché questa unificazione è stata fatta in modo per loro discriminante. Malgrado ciò, si può considerare che questa unificazione è stata benefica per il buon andamento della giustizia. Si può sperare in un'unificazione delle leggi? È auspicabile? A quali condizioni? E in quale misura sarà possibile realizzarla?

Il desiderio di unificare tutte le leggi in materia di statuto personale fu manifestato a più riprese in seno alla dottrina egiziana. Già durante i lavori preparatori della Costituzione del 1923, 'Abd-al-Hamid Badawi si augurò la soppressione della discriminante religiosa: "Mi auguro, disse, di poter vedere l'alba di quel giorno, in cui tutti i nostri atti, anche quelli relativi al matrimonio, al divorzio e a tutto ciò che tocca lo statuto personale, saranno retti da un solo sistema legislativo, affinché si possa vivere tutti una vita civile molto organizzata e molto normalizzata [...]. Vogliamo una politica nazionale pura, che non si attardi lungo il suo nobile percorso, sulle differenze religiose e settarie, ma che proceda sempre in una direzione favorevole all'interesse della patria"[1]. Abu-Haif, autore del primo libro di diritto internazionale privato in lingua araba, scrisse nel 1927 che "l'evoluzione va a grandi passi verso l'assembramento di tutte le leggi religiose applicate in qualsiasi paese

---

[1]   Al-Dustur, ta'liqat 'ala mawadih bil-a'mal al-tahdiriyyah wal-munaqashat al-parlamaniyyah, Matba'at Masr, il Cairo, 1940, p. 21.

per farne una legge unica che sia una legge nazionale per tutti, applicabile a tutti quelli che vivono all'interno di uno stesso paese [...]. L'evoluzione va in questa direzione, nonostante le credenze personali degli individui e quanto si augurano le comunità religiose"[1].

Nel 1936, il governo incaricò una commissione per l'unificazione della legislazione in materia di statuto personale per i non musulmani. Ma i patriarchi rifiutarono questa proposta. Ne fu parimenti nel 1944.

Nei lavori per la Costituzione del 1953, che non son mai stati terminati, si constata questo desiderio di unificare le leggi e i tribunali religiosi. Così l'articolo 122 del progetto stipulava: "I giudici sono indipendenti e non sono sottomessi a nessun potere, salvo alla legge, per emettere i loro decreti. Nessuna autorità può immischiarsi negli affari di giustizia". Commentando questo articolo, Al-Sanhuri (d. 1971) disse: "Il nostro scopo, qui, è di realizzare l'unificazione delle giurisdizioni affinché non ci siano dei tribunali di tipo ordinario, altri relativi allo statuto personale, e altri di tipo confessionale"[2] In quanto all'applicazione della legge, Al-Sanhuri prevedeva una legge unica ma con disposizioni distinte a seconda che si trattasse con musulmani o con non musulmani, per le questioni di tipo religioso[3].

Dopo la dichiarazione di unione di Egitto e Siria (febbraio 1958), due commissioni sono state formate per stabilire due progetti di legge relativi allo statuto personale, uno per i musulmani, l'altro per i non musulmani. Questo lavoro fu ripreso come base per formulare due progetti di legge, che restano per ora presso gli archivi del Ministero di Giustizia: il *Progetto di diritto familiare* e le *Disposizioni per il matrimonio dei non musulmani.*

B) Progetto delle Chiese

Accanto ai progetti governativi, esiste un progetto di codice sullo statuto personale per i non musulmani, datato 1978[4]. È stato elaborato con la collaborazione di tutte le comunità cristiane d'Egitto: ortodosse, cattoliche e protestanti. Sono stati esclusi gli avventisti e i testimoni di Geova che non sono comunità riconosciute in Egitto (art. 24 e 113). In esso sono previste delle disposizioni particolari per i cattolici (art. 111). Si può notare che le disposizioni relative alla comunità che ha celebrato il matrimonio rimangono vigenti per i campi non trattati nel nuovo progetto (art. 143). Nel 2004, Nabil Luca Bibawi, un autore copto, ha pubblicato questo nuovo progetto in un libro[5], in cui ne proponeva l'adozione. Egli dice che il Papa Shenuda l'aveva sottoposto al Ministro della giustizia, in occasione della sua visita per la festa di Natale presso la cattedrale di San-Marco del Cairo, nel 1999, chiedendogli

---

[1] Abu-Haif, 'Abd-al-Hamid: Al-Qanun al-duwali al-khas, 2ª ed. Matba'at al-sa'adah, il Cairo, 1927, vol. I, p. 141-142.

[2] Al-A'mal al-tahdiriyyah li-dustur, 1953 (inedito), sessione no 1.

[3] Ivi, sessione no 2.

[4] V. una traduzione francese del progetto in: Aldeeb Abu-Sahlieh, Sami Awad e Chucri, Francis.: Un code de statut personnel en Égypte: Projet commun aux chrétiens, in: Praxis juridique et religion, anno 6, vol. 1, 1989, p. 92-110.

[5] Bibawi, Nabil Luqa: Adam dusturiyyat qanun al-ahwal al-shakhsiyyah al-mutabbaq 'ala al-masihiyyin, s.e., [il Cairo], 2004. Testo del progetto p. 101-129.

di proporlo al parlamento per la sua approvazione. Ma per ragioni sconosciute, ciò non ha avuto luogo, nonostante fosse stato promesso altrimenti dal Ministro.

La posizione di Bibawi, favorevole a questo progetto, era motivata dal desiderio di porre termine ad una grave crisi nata all'interno della comunità copta ortodossa, dopo che Shenuda era diventato Papa, nel 1971. Shenuda promulgò il decreto papale 7/1971 che vietava al consiglio clericale di permettere ai copti ortodossi divorziati dai tribunali egiziani di risposarsi, fatta eccezione solo per coloro il cui precedente matrimonio era finito a causa d'adulterio. A sostegno della sua decisione il Papa invocò il vangelo di Matteo 19:3-12. E qui è necessaria una spiegazione.

Come abbiamo detto più sopra, in caso di litigi fra egiziani non musulmani uniti per comunità e per confessione, litigi che toccano l'ambito dello statuto personale, i tribunali egiziani applicano ai litiganti le leggi comunitarie rispettive, in virtù dell'articolo 6 par. 2 della legge 462/1955 (poi sostituito dall'articolo 3 par. 2 della legge 1/2000). Per quanto riguarda i copti ortodossi, questi tribunali applicavano loro i principi contenuti nella collezione di statuto personale del 1938, o quelli contenuti nella collezione del 1955, i quali permettevano di divorziare per parecchie ragioni: adulterio, abbandono del cristianesimo, assenza durante cinque anni consecutivi, condanna di un coniuge a cinque anni o più ai lavori forzati, follia o malattia infettiva, sevizie, cattivo comportamento, ecc. Ora, il Papa Shenuda considerò che queste collezioni, stabilite da persone influenzate dal pensiero laico, violavano il vangelo, e rifiutò di riconoscere i divorzi pronunciati dai tribunali in virtù di queste collezioni, fatta eccezione per il divorzio causato da adulterio. I divorziati non potevano più risposarsi in una chiesa copta ortodossa, a meno che il vecchio matrimonio non fosse stato sciolto a causa d'adulterio. Questo obbligò i copti a restare non sposati, o a cambiare religione prima o dopo il divorzio, o a procedere ad un matrimonio consuetudinario, o a concludere il matrimonio davanti all'ufficio dei beni immobiliari (*al-shahr al-'aqari*). Ora, la chiesa copta ortodossa non riconosceva i matrimoni dei suoi adepti se non erano consacrati dalla sua benedizione. Ciò creò un conflitto tra i copti divorziati e la loro Chiesa. Gli interessati chiesero al Papa Shenuda di cambiare la sua presa di posizione, ma egli rifiutò di farlo e vietò al consiglio clericale di autorizzare nuovi matrimoni ai divorziati, quando i divorzi sono avvenuti non a causa d'adulterio. Dei preti copti ortodossi sfidarono questa interdizione, e celebrarono il matrimonio di copti divorziati senza esserne autorizzati. Un'azione penale fu intentata dalla Chiesa nel 1986 contro uno di questi preti. Il tribunale rigettò tuttavia questa azione, considerando che i divorziati non hanno bisogno di essere autorizzati dal consiglio clericale per risposarsi, e considerando il prete in questione come un notaio incaricato dallo Stato a celebrare le nozze. Perciò, nella faccenda, andavano applicate le decisioni dei tribunali e non quelle del Papa[1].

Bibawi sostenne invece la posizione ferma del Papa Shenuda e considerò anche che l'applicazione da parte dei tribunali statali delle due collezioni citate in materia di divorzio violava la costituzione che diceva che l'islam era la religione di Stato e il diritto musulmano era la fonte principale di diritto. Ora, disse, il Corano garantisce

---

[1] Ivi, p. 89-90.

la libertà religiosa alle comunità cristiane ed esige che siano sottomesse alle loro leggi religiose, e principalmente al Vangelo. Secondo Bibawi, i tribunali avrebbero dovuto conformarsi non alle due collezioni citate, ma al Vangelo e, dunque, alla posizione del Papa Shenuda. Per risolvere questo dilemma, Bibawi propose l'adozione, da parte del Parlamento egiziano, del progetto di codice di statuto personale suddetto.

Questo progetto soddisfa il Papa, che contribuì alla sua elaborazione, e soddisfa quelli che vogliono divorziare in tribunale e risposarsi in chiesa. Difatti, sebbene non sia tanto permissivo quanto le due collezioni del 1938 e del 1955, questo progetto ammette il divorzio a causa di abbandono del cristianesimo (art. 113), di adulterio (art. 114) e di certi atti di infedeltà menzionati nell'articolo 115, che citiamo:

> Ogni atto di infedeltà coniugale è considerato in sé come adulterio, particolarmente nei seguenti casi:
>
> 1) la partenza della sposa con un ignoto, persona diversa dai suoi genitori o dai membri della sua famiglia, all'insaputa del marito, senza la sua autorizzazione e senza necessità;
>
> 2) la presenza di lettere di uno degli sposi a una persona estranea, che dimostrano l'esistenza di una relazione colpevole tra i corrispondenti;
>
> 3) la presenza di un estraneo con la sposa presso il domicilio coniugale, in una situazione che fa pensare al tradimento del coniuge;
>
> 4) l'incitamento della sposa, da parte dello sposo, a commettere adulterio e dissolutezze;
>
> 5) il concepimento durante un periodo durante il quale lo sposo si trovava nell'impossibilità, perché assente o malato, di avere dei rapporti con lei;
>
> 6) la perversione sessuale.

V. Tentativi di unificazione al livello arabo

Passiamo in rassegna gli sforzi compiuti dalla Lega araba[1] e dal CCG.

1) Sforzo compiuto dalla Lega araba

Il par. 1 dell'articolo 2 della Carta della Lega araba del 22 marzo 1945 precisa che "la Lega ha per scopo di consolidare i legami tra gli Stati membri, di coordinare i loro programmi politici grazie a una cooperazione fattiva, di preservare la loro indipendenza e la loro sovranità e, in generale, di curare gli affari e gli interessi dei paesi arabi". Il par. 2 aggiunge che la Lega "ha anche per scopo di assicurare, tenendo conto del regime e delle condizioni vigenti in ogni Stato, una stretta cooperazione tra gli Stati membri, nei seguenti campi: [...] le questioni di nazionalità, i passaporti e visti, l'esecuzione dei giudizi e l'estradizione dei delinquenti"[2].

---

[1]   Per più dettagli, v. Aldeeb Abu-Sahlieh, Sami Awad: Unification des droits arabes et ses contraintes, in: Conflits et harmonisation: mélanges en l'honneur d'Alfred E. von Overbeck, Éditions universitaires, Friburgo, 1990, p. 177-204.

[2]   Testo arabo: www.arableagueonline.org/las/arabic/details_ar.jsp?art_id=133&level_id=114; traduzione francese: La Ligue des États arabes, p. 17-25.

Dal 14 al 16 dicembre 1977, sedici Ministri arabi della giustizia si sono riuniti a Rabat e hanno pubblicato un manifesto nel quale figura la loro decisione di tenere degli incontri periodici il cui scopo è "adempiere agli obblighi di loro responsabilità, contribuendo all'azione araba comune in materia legislativa e giudiziale, impegnandosi particolarmente nella stessa direzione della Lega araba, che ha già compiuto degli sforzi per unificare le legislazioni arabe e modernizzarle, come pure per stipulare delle convenzioni di cooperazione giudiziale tra Stati arabi"[1]. Il par. 1 di questo Manifesto è una dichiarazione di fede:

> Siamo convinti che l'unità, la gloria e il prestigio della Nazione araba, così come la sua forza, la sua autenticità e la veridicità del legame presente fra tutte le persone e le società che la compongono, abbiano per fondamento *la Shari`ah islamica*, colla quale Dio ha colmato la Nazione araba con un Credo e delle leggi che tengono uniti i suoi componenti, ordinano il suo pensiero e coordinano la sua marcia verso la realizzazione delle sue aspirazioni e la concretizzazione del suo ideale di unità e di dignità personale.

Nel par. 2, è detto che "l'osservanza dei precetti della *Shari`ah islamica* è il modo più salutare e migliore per giungere all'unificazione dei diritti, che rappresenta l'obiettivo da raggiungere assolutamente". Questo par. aggiunge che "i principi della *Shari`ah* che preparano (...) a vivere armoniosamente tutti gli aspetti della vita, e le regole e i principi di giurisprudenza che guidano il pensiero e la legislazione musulmani, sono stati e rimangono una fonte di riferimento per gli scienziati e i ricercatori di tutta la Nazione araba, addirittura del mondo intero".

Nella seguente riunione tenuta a Sanaa, dal 23 al 25 febbraio 1981, fu creato *il Consiglio dei Ministri arabi della giustizia*, facente parte della Lega araba. Il Consiglio adottò *il Piano di Sanaa per l'unificazione delle legislazioni arabe*[2] il cui scopo è "di assicurare una base solida e stabile per lo stabilimento di una legislazione araba unificata, conforme ai precetti della *Shari`ah islamica*, tenuto conto delle specificità sociali di ogni paese arabo". Questa unificazione deve seguire i principi fondamentali seguenti:

> a) Prendere come unica fonte di legislazione: il sacro *Corano*, la *Sunnah* e le regole d'interpretazione relative, quali il consenso, l'analogia e l'utilità pubblica, evitando l'influenza di una scuola determinata del *fiqh* e adottando i principi di giustizia non in contraddizione con quelli della *Shari`ah islamica*.

> b) Adottare la regola di unificazione progressiva.

Il Consiglio si riunisce ogni anno, e ciò avviene dal 1983. Parecchi progetti e convenzioni sono stati elaborati, fra cui un *Codice arabo unico di statuto personale*, adottato il 4 aprile 1988[3].

---

[1] Testo francese del Manifesto di Rabat in: Recueil de documents du Conseil, vol. 1, gennaio 1987, p. 13-15.

[2] Testo francese del Piano di Sanaa in: Recueil de documents du Conseil, vol. 1, gennaio 1987, p. 17-19.

[3] Testo arabo e francese in: Recueil de documents du Conseil, vol. 3, gennaio 1989.

2) Sforzo compiuto dal CCG

Questo Consiglio fu creato il 25 maggio 1985 ad Abu-Dhabi e comprende sei paesi membri: Emirati Arabi Uniti, Bahrain, Arabia Saudita, Oman, Kuwait e Qatar. Il suo scopo è il coordinamento degli Stati membri in tutti i campi, in vista di giungere alla loro unificazione. Uno dei suoi compiti è la preparazione di progetti di leggi uniche, ed è già stato emesso un *Codice unico di statuto personale*, adottato nel dicembre 1996[1].

3) Tentativo di unificazione delle donne del Maghreb

Associazioni di donne algerine, marocchine e tunisine hanno creato nel 1991 *il Collettivo 95 d'Uguaglianza Maghrebina*. Questo Collettivo ha redatto un documento intitolato "Cento misure e disposizioni: per una codificazione magrebina egualitaria in materia di statuto personale e di diritto di famiglia"[2].

---

[1]   Testo arabo in: http://library.gcc-sg.org/Arabic/Books/ArabicPublish-82.htm.
[2]   Collectif 95 Maghreb Égalité: Cent mesures et dispositions: pour une codification maghrébine égalitaire du Statut personnel et du droit de la famille, Women living under muslim laws, 1995. Versione francese: http://www.penelopes.org/xarticle.php3?id_article=1633.

Capitolo 2.
Disuguaglianza tra l'uomo e la donna

Dopo aver preso atto della mancanza di unificazione del diritto di famiglia arabo, occorre prendere atto della seconda caratteristica di questo diritto: la disuguaglianza tra l'uomo e la donna, attualmente vistoso nei campi relativi alla conclusione del matrimonio, al suo scioglimento e ai suoi effetti materiali.

I. Disparità di trattamento alla conclusione del matrimonio

1) Età

Dei giuristi musulmani considerano come valido il matrimonio di minorenni. Invocano un detto[1] secondo il quale Maometto, a 50 anni, avrebbe sposato 'Ayshah che aveva sei anni, e avrebbero avuto dei rapporti sessuali da quando lei ne aveva nove. Si basano anche su un'interpretazione del versetto 65:4:

> Se avete qualche dubbio a proposito delle vostre donne, poiché non potete forse più sperare in un loro ciclo mestruale, concedetevi un termine di verifica di tre lunazioni. Lo stesso termine d'attesa va osservato per quelle che il ciclo mestruale non l'hanno ancora mai avuto.

Il termine di tre lunazioni (prima di potere contrarre un nuovo matrimonio), è richiesto solo nei confronti di una donna sposata che s'intende ripudiare. L'ultima frase è invece stata interpretata così: una ragazza che non ha avuto ancora il ciclo mestruale può essere sposata[2].

Si trovano ancora nel mondo arabo delle bambine sposate ad anziani incapaci di adempiere ai loro doveri coniugali e incapaci di assicurare una vita dignitosa alle loro giovani spose. I genitori delle bimbe si decidono a sposarle perché intimoriti da un potente che chiede le loro figlie in sposa, o perché ingolositi dal denaro che viene loro offerto in cambio delle figlie. Certi legislatori arabi hanno provato a mettere fine a tale abuso: hanno fissato un limite di età minima per il matrimonio e hanno vietato una differenza d'età spropositata tra i due congiunti.

A) Limite d'età

Lo Yemen non fissa il limite d'età per il matrimonio. È considerato maggiorenne (*baligh*) l'uomo di dieci anni se ha già il liquido seminale (*ihtilam*), e la donna di nove anni se ha già il ciclo mestruale o è già stata in gravidanza. In ogni caso, è considerato maggiorenne chiunque abbia compiuto 15 anni, o abbia già peli sul pube. In caso di opinioni divergenti o di assenza di prove ufficiali, si ricorre alla perizia da parte di un medico specializzato (art. 127). Il matrimonio con una minorenne è valido, ma il marito non può avere rapporti sessuali con lei, e lei non può averne con lui a meno che non sia adatta al coito, anche se ha più di 15 anni. Il

---

[1] Sahih Al-Bukhari, detti 4738 e 4761; Sahih Muslim, detto 1422.
[2] 'Aqlah, Muhammad: Nidham al-usrah fil-islam, Maktabat al-risalah al-hadithah, Amman, 1983, vol. 1, p. 204-205.

matrimonio di un minorenne può essere concluso solamente se si dimostra che c'è un qualche interesse a procedere in tal senso (art. 15).

Anche il Sudan non fissa il limite d'età per il matrimonio e permette il matrimonio di una ragazza di dieci anni, previo accordo del suo tutore e del giudice, se si dimostra che c'è un qualche interesse a procedere in tal senso (art. 40).

Non si trova nessun limite d'età nella legislazione egiziana o nel codice ufficioso di Qadri Pacha del 1875. Il legislatore egiziano ricorre a una limitazione procedurale. Il decreto relativo ai *mazun* (notaio dei matrimoni) vieta loro di concludere o di autenticare un matrimonio a meno che la donna non abbia già compiuto i 16 anni e l'uomo i 18 anni, al momento del contratto (art. 33 A). Vieta ai tribunali di accogliere un'azione relativa al matrimonio se la donna ha meno di 16 anni e l'uomo meno di 18 anni, al momento della richiesta. Inoltre, in caso di contestazione relativa alla conclusione di un matrimonio, il tribunale non può ricevere una richiesta riguardante un matrimonio non attestato da documento ufficiale. Nel giugno 2008, il Parlamento egiziano ha fissato l'età a 18 anni tanto per l'uomo che per la donna. Tuttavia il tribunale può ricevere una richiesta relativa alla volontà di divorziare o di sciogliere un matrimonio, se quest'ultimo è attestato da uno scritto qualsiasi (art. 17 della legge 1/2000). Il matrimonio consuetudinario, sebbene controverso, è valido in Egitto anche senza essere stato sottoposto ai *mazun*. Tutte le disposizioni citate hanno dunque una portata limitata.

Il sistema egiziano di limitazione procedurale è adottato anche dal Kuwait. In questo paese, è vietato registrare o autenticare un matrimonio, a meno che la donna non abbia già compiuto 15 anni, e l'uomo 17 anni (art. 26). Parimenti i tribunali non possono accogliere un'azione relativa alla contestazione di un matrimonio, a meno che quest'ultimo non sia attestato da un documento ufficiale, o a meno che non si tratti di un'azione in merito alla paternità. Ed è vietato accogliere un'azione relativa alla contestazione di un matrimonio, se la donna ha meno di 15 anni e l'uomo meno di 17 anni, già compiuti al momento della richiesta (art. 92).

Altri paesi hanno regolamentato la questione dell'età, direttamente nelle condizioni da rispettare per concludere un matrimonio. Così, la Giordania ha fissato il limite d'età per il matrimonio, per l'uomo e la donna, a 18 anni compiuti, con la possibilità di concludere il matrimonio a 15 anni se esiste l'autorizzazione di un giudice e se esiste un qualche interesse a procedere in tal senso (art. 5).

L'Iraq fissa il limite d'età per il matrimonio a 18 anni, con possibilità per il giudice di autorizzare il matrimonio di 15enni, in caso di estrema necessità, con o senza l'autorizzazione del loro tutore, purché la persona sia fisicamente adatta a sostenere un matrimonio (art. 7 e 8).

Il Qatar non permette la registrazione del matrimonio se il marito ha meno di 18 anni, e la sposa meno di 16 anni, a meno che non ci sia l'autorizzazione di un tutore e di un giudice, concesse dopo aver verificato che i due futuri congiunti acconsentono a sposarsi (art. 17).

Negli Emirati arabi uniti, il limite d'età per il matrimonio è fissato a 18 anni, per colui che non ha raggiunto la maggior età secondo i dettami della Shari'ah. Tuttavia quello che non ha raggiunto l'età di 18 anni non può sposarsi, a meno che non abbia l'autorizzazione di un giudice, che l'ha rilasciata dopo aver verificato l'esistenza di un qualche interesse per il giovane a sposarsi (art. 30).

In Tunisia, l'uomo con meno di 20 anni compiuti e la donna con meno di 17 anni compiuti, non possono contrarre matrimonio. Prima di questa età, il matrimonio può essere contratto solamente in virtù di un'autorizzazione speciale rilasciata da un giudice, che l'accorderà solamente per seri motivi e nel chiaro interesse dei due giovani a sposarsi (art. 5).

La Libia fissa il limite d'età matrimoniale per l'uomo e per la donna a 20 anni, ma il giudice può autorizzare il matrimonio di una persona con meno di 20 anni, dopo aver verificato che esiste un suo interesse a sposarsi o che c'è una sua verificata necessità a sposarsi, previo accordo del tutore (art. 6).

L'Algeria fissa il limite d'età matrimoniale a 19 anni compiuti sia per l'uomo che per la donna, con la possibilità per il giudice di accordare il matrimonio a chi ha meno di 19 anni, per una ragione d'interesse personale a sposarsi o per una verificata necessità a farlo, quando si sia comunque stabilita l'idoneità al matrimonio di entrambi le parti (art. 7).

Il Marocco fissa il limite d'età matrimoniale a 18 anni compiuti sia per l'uomo che per la donna (art. 19), ma permette al giudice l'autorizzazione di matrimoni al di sotto di questa età "in presenza di conferme circa l'interesse a sposarsi, corredate dai motivi che spingono a farlo, e solo dopo avere sentito i genitori del minorenne o il suo rappresentante legale, e avere ottenuto i risultati di una perizia medica del minorenne o quelli di un'analisi sociale della situazione" (art. 20).

In questi quattro paesi nord-africani la legge non fissa un'età minima che dispensi dal matrimonio, ma il prontuario del codice di famiglia marocchino sottolinea la necessità, per chi beneficia d'autorizzazione a sposarsi, di godere della maturità necessaria e della struttura fisica adatta ad assumersi le responsabilità legate ad un matrimonio.

Il progetto della Lega araba fissa il limite d'età per sposarsi a 18 anni, sia per l'uomo che per la donna (art. 8). Ma aggiunge che il matrimonio di un minorenne, uomo o donna, che abbia meno di 15 anni, è vietato, a meno che non esista un'autorizzazione del giudice, che abbia verificato l'interesse del minorenne a procedere al matrimonio (art. 12). Non si danno ulteriori limiti d'età in merito. Il progetto del CCG, principalmente ispirato dal progetto della Lega araba, omette l'articolo 8 e non contiene norme sul limite d'età per sposarsi. Invece, la disposizione dell'articolo 12 è ripresa all'articolo 9.

B) Sproporzione d'età

Certi codici arabi comportano delle disposizioni relative alla sproporzione di età tra i coniugi. Così, in Giordania il giudice vieta la conclusione di un matrimonio in cui la donna abbia meno di 18 anni, e il suo futuro coniuge ne abbia 20 più di lei, a meno che non si constatino "il suo consenso, la sua scelta e il suo interesse a sposarsi" (art. 7).

La Siria permette al giudice di non autorizzare un matrimonio in caso di sproporzione d'età fra i due futuri coniugi, salvo presenza di interesse personale a sposarsi.

Si tratta del matrimonio con un minorenne, su cui il giudice ha potere decisionale (art. 19).

Nel Kuwait, la proporzionalità d'età tra i due sposi è un diritto che riguarda unicamente la donna (art. 36). Il memorando spiega che la donna ha la libertà di decidere: "Ogni persona può decidere di sposarsi, se è nel suo interesse a farlo".

Il Marocco prevedeva nel suo precedente codice:

> La regola, in quanto al rapporto che deve esistere tra l'età del pretendente e quello della futura sposa, va stabilita in base al profitto che può trarre la donna a sposarsi (art. 15).

Questa disposizione è sparita nel nuovo codice del 2004.

Negli Emirati arabi uniti, quando i due futuri coniugi sono divisi da grande differenza d'età, per esempio quando il marito abbia il doppio degli anni della sposa o più, un tale matrimonio sarà concluso solamente con l'accordo dei due congiunti e con un'autorizzazione del giudice. Quest'ultimo può rifiutare la sua autorizzazione se non c'è un reale interesse a sposarsi (art. 21).

Nei paesi dove una tale disposizione non esiste, il giudice, quando deve dare la sua autorizzazione per il matrimonio di minorenni, può invocare la norma relativa al matrimonio assortito (*kafa'ah*). Se il matrimonio non è assortito, esiste il diritto di sciogliere il matrimonio.

2) Consenso dei coniugi

Secondo certi autori classici, il tutore ha il diritto di dare in matrimonio il minorenne e la ragazza vergine indipendentemente dalla loro età, senza il loro consenso. Può viceversa anche opporsi alla loro decisione di sposarsi. Questi possono rivolgersi tuttavia al giudice per sciogliere il matrimonio imposto o per essere autorizzati a sposarsi, se questo è nel loro interesse.

L'Egitto non ha regolato questa questione. Il codice ufficioso di Qadri Pacha dice che il tutore (padre, avo paterno e qualsiasi altro tutore) può imporre il matrimonio ai minorenni, ragazzo o ragazza, anche se la ragazza non è più vergine (art. 44). Aggiunge che ogni uomo maggiorenne, libero e sano di mente, può sposarsi. La donna maggiorenne, libera e sana di mente, vergine o non vergine, può sposarsi anche senza l'autorizzazione del suo tutore. Quest'ultimo, tuttavia, può fare annullare il matrimonio se la dote pagata è inferiore alla dote consuetudinaria, o se il marito ha troppi anni in più o in meno della moglie (art. 51-52).

In Libia, il tutore non può né imporre né vietare il matrimonio ad una persona. Occorre il consenso dei due, del tutore e della persona sotto tutela, per validare il matrimonio. In caso di rifiuto del tutore di dare il suo accordo, il tutto viene impugnato dal tribunale, che può permettere il matrimonio se lo giudica un'azione positiva (art. 8-9).

Nel Kuwait, il matrimonio è concluso quando ci sono l'offerta della donna da parte del tutore e l'accettazione da parte dell'uomo a sposarla, o quando ci sono l'offerta e l'accettazione da parte dei loro sostituti (art. 8). Il matrimonio imposto è illecito (art. 25). Occorrono l'accordo del tutore e quello della ragazza vergine, se ha meno di 25 anni. Per la ragazza più anziana, è il suo parere che conta, ma è tramite il suo tutore che si conclude il contratto di matrimonio. In caso di rifiuto da parte del tutore, la decisione finale è di competenza del giudice, che può pronunciarsi in favore del matrimonio o meno (art. 29-31).

In Siria, la legge è meno precisa. Una delle competenze del tutore è quella di dare il suo accordo per il matrimonio (art. 170). Ma la dottrina sembra garantirgli anche il diritto di costringere, il minorenne o la ragazza vergine, al matrimonio[1]. Un autore siriano denuncia la pratica di certi padri che sposano le loro figlie vergini, indipendentemente dalla loro età, senza il loro consenso, ai ricchi arabi, contro pagamento di una forte somma di denaro a titolo di dote. Certo, dice, le figlie possono rivolgersi alla giustizia per chiedere lo scioglimento del matrimonio concluso senza il loro consenso, ma finché il matrimonio non è sciolto legalmente, durante tutto il periodo della procedura devono seguire i mariti che sono stati loro imposti, ed obbedire loro. La polizia non può intervenire per proteggerle, poiché non esiste una disposizione penale in proposito. Questo autore aggiunge che i tutori rifiutano di dare il loro consenso al matrimonio delle ragazze vergini, indipendentemente dalla loro età, per mantenerle a casa come domestiche, o per evitare il frazionamento dei loro possedimenti fondiari, privandole, malgrado la loro volontà, del loro diritto a sposarsi[2]. La donna può rivolgersi, anche in questo caso, alla giustizia, per ottenere il diritto a sposarsi, nonostante il mancato consenso del tutore; ma nella pratica, è raro che il giudice si opponga alla volontà del tutore[3].

Lo Yemen considera come nullo ogni matrimonio forzato (art. 10). Il consenso della donna è richiesto: il silenzio della vergine (*bikr*) è considerato come acquiescenza, mentre la donna che è già stata sposata (*thayb*) deve esprimersi chiaramente (art. 23). Il consenso del tutore della donna è richiesto, e non può rifiutare di darlo per più di un mese, se la donna è maggiorenne, altrimenti è il giudice che dà il consenso (art. 18-19).

Come abbiamo visto, il Sudan permette il matrimonio di una ragazza di dieci anni. Il codice insiste soprattutto sul consenso del tutore della sposa e sul matrimonio assortito. L'articolo 13 indica che gli sposi devono essere *ta'i'ayn* (obbedienti), termine che significa probabilmente che gli sposi non devono opporsi al matrimonio.

Il progetto della Lega araba dice che il matrimonio è concluso se esiste il consenso da parte dei due congiunti (art. 23). Niente è detto del ruolo del tutore, eccetto all'articolo 11, in cui si sottomette alla sua autorizzazione il matrimonio della persona di meno di 15 anni. In caso di opposizione da parte del tutore, è il giudice ad emettere la decisione finale. Si ritrovano queste norme nel progetto del CCG (art. 9 e 21).

---

[1] Al-Sabuni, 'Abd-al-Rahman: Sharh qanun al-ahwal al-shakhsiyya, Matba'at jami'at Dimashq, Damasco, vol. 1, 1971-73, vol. 1, p. 194-206.

[2] Dei fratelli rifiutarono di dare il loro consenso al matrimonio della sorella, per ricevere loro la sua parte d'eredità alla morte di lei.

[3] Yasin, Bu-'Ali: Azmat al-mar'ah fil-mujtama' al-dhukuri al-'arabi, Dar al-hiwar, Ladhiqiyyah, 1992, p. 43-45.

3) Poligamia

Il versetto 33:50 del Corano riconosce a Maometto il diritto di sposare tutte le donne che voleva, senza limitazione di numero, licenza revocata dal versetto 33:52. In quanto agli altri musulmani, il Corano permette loro di avere al tempo stesso quattro donne; ma se temono di non essere in grado di trattarle equamente, dice loro di sposare una sola donna (4:3), aggiungendo "non potrete mai essere equi con le vostre mogli, anche se lo desideraste" (4:129). Oltre alle quattro mogli, bisognava considerare anche il numero illimitato di schiave che erano in possesso dei musulmani al tempo di Maometto (4:3 e 25) e, presso gli sciiti, bisognava considerare anche tutte le donne sposate grazie ad un matrimonio temporaneo, di cui parleremo nel seguente punto.

Se non si da credito alle voci che circolano, in merito al fatto che certi dirigenti arabi sarebbero attualmente coinvolti nella tratta di donne bianche, sembrerebbe che l'uso di tenere un *harem*, composto da schiave, sia sparito con l'abolizione della schiavitù. Non si è invece estinta l'abitudine alla poligamia, che, nonostante il numero ridotto di matrimoni poligamici ufficiali, resta una pratica diffusa in tutti i paesi arabi, fatta eccezione per la Tunisia, in cui si punisce questo tipo d'unione con un anno di prigione e/o il pagamento di una multa (art. 14 par. 3 e 18).

Gli autori musulmani difendono questa istituzione con un vigore pazzesco. Mustafa Al-Siba'i riporta la notizia secondo cui la Germania avrebbe chiesto all'Azhar di mandarle le norme relative alla poligamia, in quanto voleva applicarle per risolvere il problema relativo all'aumento di popolazione femminile. Una delegazione di scienziati tedeschi avrebbe incontrato lo Sceicco dell'Azhar a questo proposito[1]. Questi autori non nascondono comunque i lati negativi della poligamia: i conflitti tra le differenti donne, che vengono perpetuati fra i rispettivi figli; l'impossibilità per l'uomo di trattare equamente tutte le donne; ecc.[2]. Sostengono che non bisognerebbe ricorrere alla poligamia se non in caso di necessità[3]. I legislatori hanno preso delle misure per limitare la poligamia:

- Certi danno alla moglie il diritto di includere una clausola al contratto matrimoniale, con cui impediscono al marito di contrarre un ulteriore matrimonio mentre sono sposati. La donna ha il diritto di chiedere il divorzio in caso di mancata osservanza di questa clausola da parte del marito;
- Altri danno alla moglie il diritto di chiedere il divorzio *de jure* nel caso in cui il marito contragga un altro matrimonio mentre sono sposati, anche in assenza della clausola summenzionata;
- Altri esigono dal marito, che vuole sposare un'altra donna, l'assolvimento di certe condizioni valutate da un giudice.

In Egitto, la poligamia è stata largamente dibattuta già nel diciannovesimo secolo, particolarmente da parte dello sceicco Muhammad 'Abduh (d. 1905) che chiedeva

---

[1] Al-Siba'i, Mustafa: Al-mar'ah bayn al-fiqh wal-qanun, Al-Maktab al-islami, Beirut e Damasco, 5ª ed., s.d., p. 76-77; v. anche p. 71-121.
[2] Ivi, p. 90-93.
[3] Ivi, p. 116.

di vietare le unioni poligamiche, o autorizzarle solo se la prima moglie era sterile[1]. La legge della Signora Sadat, del 1979, considerava come pregiudizievole per la sposa, il fatto che suo marito contraesse un ulteriore matrimonio mentre erano sposati, senza chiedere il consenso di lei, anche se nel loro contratto matrimoniale non esisteva la clausola che impediva a lui di risposarsi; per la nuova consorte, il fatto che suo marito le nascondesse di essere già sposato ad un'altra. La moglie ha attualmente, in questi casi, il diritto di chiedere lo scioglimento del matrimonio, con effetto a decorrere dall'anno in cui si è preso atto dell'esistenza della causa pregiudizievole (art. 6bis). Questa legge è stata dichiarata anticostituzionale, per ragioni formali, ed è stata sostituita dalla legge 100/1985, entrata in vigore con effetto retroattivo al 4 maggio 1955[2]. In questa nuova legge, l'ulteriore matrimonio in sé non è più considerato come pregiudizievole, e così si è aperto il dibattito in merito a quando è possibile divorziare. "La moglie, in caso di ulteriore matrimonio del marito, può chiedere il divorzio se, a causa di ciò, ha subìto un danno materiale, che le impedisce di continuare la vita di coppia. E questo, anche se nel loro contratto di matrimonio non è stato stipulato che il marito non si sarebbe risposato. Se il giudice non riesce a riconciliarli, viene accordato il divorzio alla moglie". Si può concludere, da ciò che precede, che la moglie può prevedere nel contratto di matrimonio una clausola che le dà il diritto di chiedere il divorzio? La risposta a questa domanda è incerta.

La Giordania permette alla moglie di includere nel contratto una clausola che vieta al marito di sposarsi anche con un'altra. Questa clausola non impedisce al marito di concludere un nuovo matrimonio, ma dà alla prima moglie il diritto di sciogliere il suo (art. 19). La possibilità di aggiungere una tale clausola, non è contemplata nel codice siriano, ma può essere dedotta dall'articolo 14, che tratta le limitazioni delle libertà dello sposo. L'articolo 17 permette al giudice di non autorizzare un secondo matrimonio al marito, a meno che non abbia una valida ragione per farlo e purché sia in grado di provvedere alle spese relative ad entrambi i matrimoni.

In Iraq, l'articolo 3 dice che il matrimonio con più di una moglie esige l'autorizzazione del giudice, il quale deve verificare la capacità materiale dello sposo a sostenere due matrimoni e l'esistenza di un valido interesse a sposare una seconda donna. Se il giudice teme che le donne non possano essere trattate equamente, un secondo matrimonio non sarà permesso. Se la seconda moglie fosse una vedova, si potrebbe procedere al matrimonio senza restrizioni. In seguito alla guerra, il decreto no 147 del 1982 aggiunge che il ritorno a casa di una moglie divorziata dallo sposo, non è da considerarsi come matrimonio poligamico. In questi due casi, relativi alla vedova e alla divorziata, nessuna autorizzazione del tribunale è necessaria. Inoltre, l'articolo 6 permette di includere nel contratto di matrimonio delle clausole legali, e prevede il diritto della moglie di chiedere lo scioglimento del matrimonio

---

[1]   'Abduh, Muhammad: Al-a'mal al-kamilah, Al-mu'assasah al-'arabiyyah lil-dirasat wal-nashr, Beirut, 2ª ed., 1980, vol. 2, p. 78-95.
[2]   V. su questa legge: Aldeeb Abu-Sahlieh, Sami Awad: Droit familial des pays arabes, statut personnel et fondamentalisme musulman, in: Praxis juridique et religion, anno 5, vol. 1, 1988, p. 5-6.

in caso di violazione di queste clausole. La clausola che impedisce al marito di sposare anche un'altra donna, è considerata generalmente come clausola lecita.

L'Algeria permette il matrimonio con più di una sposa nei limiti consentiti dalla Shari'ah, se c'è un valido motivo per sposarsi ulteriormente, e se esistono l'intenzione e la condizione di trattare equamente tutte le mogli. Lo sposo deve informare la sua precedente sposa e la futura sposa in merito alla situazione che verrà a crearsi, e deve inoltrare una richiesta d'autorizzazione a sposarsi, al presidente del tribunale del luogo di domicilio coniugale. Costui autorizza il nuovo matrimonio se constata l'esistenza di consenso da parte di entrambi le donne e un valido motivo a sposarsi ulteriormente, da parte dell'uomo. Verifica anche che il marito sia in grado di trattare equamente le spose e di offrire loro le condizioni necessarie per una vita coniugale (art. 8). La sposa può chiedere il divorzio per ogni danno subìto, legalmente riconosciuto come tale, particolarmente in caso di violazione delle disposizioni contenute nell'articolo 8 (art. 53).

Lo Yemen permette all'uomo di sposare quattro donne, se le seguenti condizioni sono rispettate:

- Ha la capacità di comportarsi equamente, altrimenti deve limitarsi ad avere una sola moglie.
- È in grado di provvedere ai loro bisogni.
- Informa la futura moglie che è già sposato (art. 12).

La legge non esige l'accordo del giudice. Ma se l'uomo, avendo sposato parecchie donne, si rivela incapace di provvedere ai loro bisogni, ciascuna di loro può chiedere lo scioglimento del suo matrimonio. Se è capace di provvedere solo ai bisogni di alcune fra loro, il giudice gli permette di restare sposato a quelle che vuole, e scioglierà il matrimonio fra lui e le altre (art. 53). La legge permette anche di includere nel contratto delle clausole non contrarie agli oggettivi legali di un coniuge o ai fini del matrimonio (art. 7). Ciò significa che la moglie può esigere che il marito non si sposi ulteriormente, e se lo facesse, lei potrebbe chiedere lo scioglimento del matrimonio.

Il Marocco offre le disposizioni più complete, miranti a limitare la poligamia:

Articolo 40 - La poligamia è vietata quando venga vissuta come un'ingiustizia da parte delle spose. È vietata anche quando la sposa abbia condizionato consensualmente il marito a non sposarsi con un'ulteriore donna.

Articolo 41 - Il tribunale non autorizza la poligamia nei seguenti casi:

quando manca una motivazione plausibile ad essere poligamo;

quando il richiedente non dispone di risorse sufficienti per provvedere ai bisogni delle due famiglie, e non è in grado di garantire loro i diritti al mantenimento, all'alloggio e alla parità di trattamento in tutti gli ambiti della vita.

Articolo 42 – Qualora non esistesse una clausola matrimoniale, colla quale lo sposo si impegna a rinunciare alla poligamia, l'uomo che desiderasse sposare anche un'altra donna, inoltrerà al tribunale una richiesta di autorizzazione in merito.

La richiesta deve indicare i motivi oggettivi eccezionali che giustificano la poligamia, e deve contenere un attestato relativo alla situazione materiale del richiedente.

Articolo 43 - Il tribunale chiede la comparizione della sposa, il cui sposo desidera prendere un'altra moglie. Se lei riceve direttamente la domanda di comparizione e non si presenta al processo, oppure nega di averla ricevuta e quindi non si presenta, il tribunale le invia, per via di un agente di cancelleria, un'intimazione che l'avvisa: se non si presenta all'udienza, che si terrà il giorno indicato nell'intimazione stessa, si delibererà in sua assenza, in merito al desiderio del suo sposo.

Può essere deliberato in merito all'ulteriore matrimonio dello sposo, in assenza della prima moglie, anche qualora il ministero pubblico constati l'impossibilità di trovare un indirizzo relativo al domicilio o al luogo di residenza di lei, dove la convocazione possa esserle trasmessa.

Quando la sposa non riceve la convocazione, poiché il ministero pubblico aveva un suo indirizzo errato, o un suo nome o cognome errati, a causa di quanto comunicatogli dal marito di lei, in malafede, si procederà contro lo sposo, in merito al danno causato a sua moglie, secondo quanto previsto all'articolo 361 del codice penale.

Articolo 44 - I dibattimenti si svolgono presso la camera del consiglio, in presenza delle due parti in causa. Entrambi vengono ascoltati e, dopo aver investigato i fatti riportati ed elaborato le informazioni fornite, si tenta di trovare un motivo di riconciliazione.

Il tribunale può autorizzare la poligamia, con una decisione motivata, senza possibilità di ricorso, se è riconosciuto il motivo oggettivo eccezionale della poligamia e che tutte le condizioni legali siano adempiute, assortendola tuttavia a condizioni in favore della prima sposa e dei loro figli.

Articolo 45 - Quando è stabilita, durante i dibattimenti, l'impossibilità di proseguire la relazione coniugale e, quando la sposa, il cui marito desidera prendere un'altra moglie, insiste nel chiedere il divorzio, allora il tribunale fissa una somma che corrisponde a tutti i diritti che hanno la sposa ed i figli, che lo sposo ha l'obbligo di intrattenere.

Lo sposo deve consegnare la somma fissata entro un termine di non oltre sette giorni.

Al momento della consegna della somma, il tribunale pronuncia il giudizio di divorzio. Questo giudizio non è suscettibile di nessun ricorso in merito a quanto stipulato relativamente alla fine della relazione coniugale.

La mancata consegna della somma predetta, entro il termine previsto, è considerata come una rinuncia alla richiesta d'autorizzazione alla poligamia.

Quando lo sposo persiste a chiedere l'autorizzazione alla poligamia, e la sposa alla quale vuole affiancare un'altra sposa non dà il suo accordo alla poligamia del marito, ma non chiede il divorzio, il tribunale applica d'ufficio la procedura relativa alla discordia prevista agli articoli 94-97.

Articolo 46 - Quando la poligamia è autorizzata, il matrimonio con la futura sposa è concluso solo quando costei è stata avvisata dal giudice dell'esistenza della prima moglie, e lei è d'accordo di essere la seconda moglie.

L'avviso e il consenso sono registrati in un verbale ufficiale.

L'articolo 31 del progetto della Lega araba dice:

a) Il matrimonio simultaneo con un numero massimo di quattro donne è permesso; tuttavia, la poligamia può essere vietata se ciò rappresenta un'ingiustizia per una delle spose.

b) All'occorrenza, la donna chiesta in matrimonio deve essere informata del fatto che il suo pretendente è già sposato.

Il progetto contempla la possibilità d'includere, nel contratto di matrimonio, una condizione da rispettare, che sia lecita. Aggiunge che "la vittima di un pregiudizio, creatasi per violazione del rispetto della clausola, è autorizzata a chiedere l'annullamento dell'atto matrimoniale o lo scioglimento del matrimonio" (art. 6). Bisogna dunque provare la violazione della clausola matrimoniale, per ottenere il divorzio[1].

Il progetto del CCG non ha ripreso l'articolo 31 del progetto della Lega araba, ciò significa che l'uomo può sposare fino a quattro donne, senza segnalare il suo statuto a quella che vuole sposare. Contrariamente a questi due progetti, quello del *Collettivo 95* vieta la poligamia (art. 13 e 14).

4) Matrimonio temporaneo (*zawag al-mut'ah*)

L'istituzione *zawag al-mut'ah*, letteralmente "matrimonio di piacere", è detta pudicamente *matrimonio temporaneo*[2]. È stata creata in base al Corano: "Poiché godrete di esse, verserete loro la dote dovuta" (4:24)[3]. Certi compagni di Maometto affermarono d'avere sentito questo passaggio recitato come segue: "Versate la dote alle donne di cui avete goduto per un tempo determinato". In virtù di questo passaggio e della pratica degli imam, gli sciiti continuano a riconoscere questo matrimonio, autorizzato dal Codice civile iraniano. Citiamo gli articoli relativi:

Articolo 1075 - Il matrimonio è temporaneo se concluso per un tempo determinato.

Articolo 107 - La durata del matrimonio temporaneo deve essere fissata chiaramente.

Articolo 1077 - Nel matrimonio temporaneo, le disposizioni da seguire, in merito alla successione e alla dote, sono quelle scritte nel capitolo sulla successione e nel capitolo che segue.

Articolo 109 - La mancanza di menzione della dote, in un matrimonio temporaneo, è causa d'annullamento del matrimonio.

---

[1] Testo di questo progetto in: Al-Majallah al-'arabiyyah lil-fiqh wal-qada', no 2, 1985, p. 20-21.

[2] Per più dettagli, v. Aldeeb Abu-Sahlieh: Sami A.: Mariage temporaire et coutumier en droit musulman, 2009, in: http://www.sami-aldeeb.com/files/fetch.php?id=299.

[3] Denise Masson traduce: "Versez le douaire prescrit aux femmes dont vous aurez joui". Il termine arabo è ujurahunna (salario).

Articolo 1097 - Nel matrimonio temporaneo, la moglie avrà diritto alla metà della dote se, prima della consumazione del matrimonio, il marito annulla il tempo di durata del matrimonio.

Articolo 113 - Salvo stipulazione, esplicita o tacita, contraria, la moglie non ha diritto alla pensione, durante il matrimonio temporaneo.

Articolo 1120 - Il matrimonio termina con lo scioglimento del contratto o col divorzio, oppure con la rinuncia, da parte del marito, di continuare il matrimonio fino al termine stabilito.

Articolo 1139 - Il divorzio può intervenire solamente in caso di matrimonio permanente. In caso di matrimonio temporaneo, il legame coniugale è rotto alla scadenza del termine stabilito o, alla rinuncia, da parte del marito, di continuare il matrimonio fino al termine stabilito.

Articolo 1151 - Il termine d'attesa, per rendere effettivo un divorzio o uno scioglimento del matrimonio, e quindi potersi risposare, è di tre periodi mestruali consecutivi. Se la moglie, a causa della sua età, non ha più le mestruazioni, allora il termine d'attesa sarà di tre mesi.

Articolo 1152 - Nel matrimonio temporaneo, il termine d'attesa, per rendere effettivi lo scioglimento del matrimonio, l'annullamento del periodo matrimoniale, o il raggiungimento della scadenza pattuita, è di due periodi mestruali consecutivi, per una moglie non incinta. Se, per via della sua età, la moglie non ha più le mestruazioni, il termine d'attesa sarà di quarantacinque giorni.

Un tale matrimonio può avere luogo per un periodo che dura una notte, un mese o parecchi anni, contro pagamento di una dote. Deve essere consensuale ed è sottomesso alle stesse condizioni del matrimonio ordinario, in relazione agli impedimenti: la donna non deve essere sposata; una musulmana non può sposare un non musulmano, il matrimonio è vietato tra persone che hanno dei legami di parentela, ecc. Invece, grazie al matrimonio temporaneo, un marito può godere di parecchie altre donne, oltre a quelle, anche quattro, sposate a tempo indeterminato. Lo scopo di un tale matrimonio, sarebbe quello di permettere all'uomo di procurarsi una moglie quando è fuori casa, in guerra, in viaggio d'affari, ecc. Certi uomini contraggono un matrimonio temporaneo al fine d'avere un figlio, o al fine di utilizzare le donne per la raccolta del riso. Le male lingue dicono che sposarsi in questo modo è come ricorrere alla prostituzione, a cui è impossibile ricorrere, ad esempio in un paese come l'Iran[1], dove è vietata. L'iraniana Banou Parsi scrive: "Dopo la rivoluzione, il quartiere delle prostitute a Tehran è stato bruciato e una prostituta è morta. Tuttavia, la prostituzione non è sparita. Ci sono dei luoghi dove gli uomini possono scegliere una moglie da un album di foto. Alcuni mullah sono presenti e possono concludere dei matrimoni temporanei che possono durare da un'ora a 99 anni. Alla

---

[1]   V. Haeri, Shahla: Law of desire, temporary marriage in Iran, Tauris, Londra, 1989, particolarmente p. 55, 89, 157, 173, 196, 203 e 215.

fine del contratto, la moglie non beneficia di diritti, ma riceve del denaro: è prostituzione legalizzata, religiosa"[1].

Non si sa se gli sciiti arabi pratichino questi matrimoni. Mustafa Al-Rifa'i afferma che non c'è mai stato un solo caso in cui sia stato autorizzato, un tale matrimonio, da parte dei tribunali sciiti, in Libano[2]. Due libri in arabo sono stati pubblicati, che fanno l'apologia dell'istituzione di questo matrimonio[3]. Dopo essere stato vietato, in Iraq, sotto il regime di Saddam, il matrimonio temporaneo sembra essere tornato in voga, in questo paese, dove un gran numero di uomini vengono uccisi e dove diventa difficile assumersi la responsabilità di un matrimonio normale, a causa della precarietà della vita. Permette alle donne di avere del denaro e dei rapporti sessuali, senza per questo doversi sentire colpevoli, poiché questo matrimonio è autorizzato dalla religione[4].

I musulmani sunniti si oppongono a questo matrimonio. Considerano che fosse già vietato al tempo di Maometto e che il versetto coranico suddetto è stato abrogato dai versetti 23:1 e 5-7: "In vero prospereranno i credenti, [...] che si mantengono casti, eccetto che con le loro spose e le schiave che possiedono, e in questo non sono biasimevoli, mentre coloro che desiderano altro sono dei trasgressori". Certi paesi arabi indicano espressamente che il contratto di matrimonio non deve essere limitato nel tempo (Sudan: articoli 11 e 14; Kuwait: articolo 10; Mauritania: articoli 1 e 48 e Yemen: articolo 7). Bisogna segnalare tuttavia che le autorità religiose sunnite autorizzano i loro correligionari, che si trovano in Occidente per studio o per lavoro, a sposare delle donne non musulmane monoteiste, con l'intima intenzione di separarsene appena il loro soggiorno all'estero sia concluso[5]. Si tratta di un matrimonio temporaneo, il cui scopo è di evitare d'avere rapporti sessuali fuori dal matrimonio, i quali sono vietati in diritto musulmano. Questo problema ha sollevato un grande dibattito all'interno della comunità musulmana degli Stati Uniti, in seguito all'emissione di una fatwa in favore di questo matrimonio. Il Centro islamico di Washington ha rimesso la questione circa il sapere se questo matrimonio sia legale o meno, all'Accademia di diritto musulmano, che dipende dall'OCI, e la suddetta accademia ha rifiutato di pronunciarsi a causa delle divergenze d'opinione tra i suoi membri. Alcuni erano favorevoli a questi matrimoni, altri li consideravano

[1]   Parsi, Banou: Des Iraniennes contre le voile, in: Alternatives non-violentes, no 83, estate 1992, p. 13. V. anche D'Hondt, Laurence: Quand les mollahs iraniens militent pour le mariage à durée déterminée, in: L'Hebdo, 22 febbraio 2007, p. 46-50.

[2]   Al-Rifa'i, Mustafa: Nidham al-usrah 'ind al-muslimin wal-masihiyyin fiqhan wa-qada'an, Al-sharikah al-'alamiyyah lil-kitab, Beirut, 1990, p. 59.

[3]   Fakiki, Tawfiq: Al-mut'ah wa-atharuha fil-islah al-ijtima'i, Dar al-adwa', Beirut, 1985. Il lettore troverà i titoli di molti libri sul matrimonio di piacere in: www.aqaed.com/shialib/all.html; www.rafed.net/books/ V. anche una conferenza sul tema in: www.sahab.ws/3069/news/525.html.

[4]   Washington Post 20 gennaio 2007: www.washingtonpost.com/wp-dyn/content/article/2007/01/19/AR2007011901850.html.

[5]   V. la fatwa d'Ibn-Baz, presidente della Commissione permanente di fatwa dell'Arabia Saudita, in: Majallat al-buhuth al-islamiyyah, no 25, 1989, p. 89.

come fraudolenti[1]. Segnaliamo anche che il matrimonio consuetudinario della società sunnita, ha lo stesso ruolo del matrimonio temporaneo della società sciita.

4) Matrimonio consuetudinario

In Egitto, le difficoltà economiche e gli stipendi bassi, rendono difficile la possibilità di affittare un appartamento e di sposarsi[2]. Privati della possibilità di soddisfare i loro bisogni sessuali, nel quadro di un matrimonio ufficiale, molti giovani instaurano relazioni che giustificano tramite il matrimonio consuetudinario, aiutati dai medici che restaurano poi la verginità delle ragazze coinvolte. Questo fenomeno è stato analizzato in un libro egiziano[3].

Il matrimonio consuetudinario è riconosciuto in diritto musulmano, ma non può essere oggetto di lamentele davanti ai tribunali, in quanto non ufficialmente registrato. È un matrimonio segreto che accade tra un uomo e una donna, in presenza di due testimoni; è basato su uno scritto redatto o dagli interessati o da un notaio. I genitori degli sposi non ne sono informati. Gli sposi non coabitano, ma intrattengono dei rapporti sessuali in segreto, con le coscienze tranquille, prendendo le dovute precauzioni perché la sposa non resti incinta. E quando la coppia non va d'accordo, non c'è bisogno di ricorrere al tribunale per sciogliere il matrimonio; basta lacerare la carta. Così le coppie si fanno e si disfano a piacimento, all'infuori di ogni controllo statale, sociale o familiare. E quando un marito degno della ragazza si presenta alla famiglia di lei, per chiedere la sua mano, si procede allora al matrimonio statale per fondare una famiglia e avere dei figli[4]. Il 40% delle ragazze universitarie egiziane sarebbero legate ad un ragazzo tramite matrimonio consuetudinario, all'insaputa dei loro genitori e di loro futuri sposi[5]. Una famosa ballerina confessò con fierezza alla televisione egiziana di aver contratto otto matrimoni di cui sei consuetudinari, aggiungendo: "A proposito, il matrimonio consuetudinario non è illecito come certi amano ripetere. Ho vissuto i giorni più belli della mia vita nel quadro di questo matrimonio"[6]. Segnaliamo qui che una vedova che sposi un uomo tramite matrimonio consuetudinario, non rischia di perdere la sua pensione di vedova, in quanto questo matrimonio resta sconosciuto alle autorità.

Tuttavia queste avventure amorose, coperte dalla religione e dall'anonimato, possono costare la vita alla ragazza e disonorare la sua famiglia, se la notte di nozze il marito ufficiale scoprisse che sua moglie non è la vergine che intendeva sposare. Il marito deve del resto dimostrare la verginità della moglie agli invitati, gettando loro il lenzuolo della prima notte di nozze macchiato del sangue di lei, deflorata[7]. Per salvare la faccia di fronte alla sua famiglia e per salvarsi la vita, la ragazza ricorre allora a un chirurgo per farsi restaurare la verginità la vigilia del suo matri-

---

[1] V. Majallat majma' al-fiqh al islami, no 3, parte 2, 1987, p. 1107, 1141, 1170, 1232-1233 e 1374-1376.
[2] Per più dettagli, v. Aldeeb Abu-Sahlieh: Sami A.: Mariage temporaire et coutumier en droit musulman, 2009, in: http://www.sami-aldeeb.com/files/fetch.php?id=299.
[3] Shawkat, Sabir: Al-ghisha' wa-ahlam al-'adharah, Dar al-jantal, il Cairo, 1998.
[4] Ivi, p. 52-60 e 64.
[5] Ivi, p. 57.
[6] Ivi, p. 57.
[7] Ivi, p. 88.

monio, contro pagamento di una somma di denaro, in contanti o a rate, che varia a dipendenza dello statuto sociale della ragazza e dal chirurgo, e comunque si aggira fra le 100 e le 30'000 lire egiziane (spesso pagati da guadagni realizzati tramite la prostituzione). Il tutto viene coperto dal segreto medico, e né la famiglia né il marito ufficiale si rendono conto che la ragazza si è fatta costruire una verginità artificiale[1].

Secondo il libro in questione, l'operazione di rammendo della verginità toccherebbe 500'000 donne egiziane all'anno, e altrettante donne provenienti dagli altri paesi arabi[2]. Alcune ragazze vi ricorrerebbero molte volte; dei Don Juan egiziani sarebbero abbonati presso dei chirurghi, ai quali portano di tanto in tanto le loro vittime da operare, beneficiando così d'un ribasso[3]. Questa operazione farebbe guadagnare ai chirurghi e alle cliniche di estetica tra uno e tre miliardi di lire egiziane annualmente[4].

L'autore del libro definisce questo fenomeno come bomba a scoppio ritardato, che rischia di distruggere la vita familiare in Egitto[5]. Spiega che in Occidente gli uomini accettano l'idea del diritto, per la donna, di avere rapporti sessuali liberi prima del matrimonio, e pensano che il matrimonio costituisca per loro un punto di partenza, dove ciascuno si avvii ad essere fedele verso l'altro. In Oriente invece le relazioni pre-matrimoniali sono vietate, e la perdita della verginità può implicare la perdita della vita. I mariti credono che "nessun uomo o demone ha mai toccato" (55:74) prima di essi le ragazze che sposano, ma in realtà esse sono delle vere prostitute, che li hanno ingannati e che si sono fatte passare per vergini. Così la vita comune comincia con un imbroglio e una menzogna e niente garantisce che la moglie, avendo assaggiato tanti uomini prima del matrimonio, possa accontentarsi di uno solo dopo il matrimonio[6].

Per fare fronte a questo fenomeno, l'autore in questione propone di ritornare alla cintura da castità che i cinesi inventarono migliaia di anni fa. Così il marito che andasse in viaggio potrebbe allacciarla a sua moglie e alle sue figlie, per slacciarla loro solamente dopo il suo ritorno. L'autore parla anche di un nuovo oggetto in via di fabbricazione chiamato "arnese della castità", grande come una moneta, tagliente in quanto avente delle parti affilate come lame. Questo oggetto può essere fissato dai medici sull'imene della ragazza fin dalla sua infanzia e tolto solamente la notte del matrimonio. Quelli che tentassero di avvicinare la ragazza prima di averla sposata, si taglierebbero andando a pezzi[7].

In merito alla restaurazione della verginità, il Gran muftì d'Egitto stimò, nel 1998, che la ragazza vergine vittima di uno stupro fosse autorizzata ad abortire prima del quarto mese di gravidanza, a chiedere a un medico di restaurare la sua verginità, e a

---

[1]   Ivi, p. 33 e 37.
[2]   Ivi, p. 12, 28 e 69.
[3]   Ivi, p. 104-109.
[4]   Ivi, p. 69.
[5]   Ivi, p. 6.
[6]   Ivi, p. 6 e 86.
[7]   Ivi, p. 129.

dissimulare il fatto di essere stata vittima di stupro al futuro marito. Se invece una ragazza volubile avesse perso la sua verginità in rapporti volontari, non avrebbe potuto beneficiare di questo diritto, perché ciò l'avrebbe condotta all'inganno e alla frode, e a perpetuare il comportamento dissoluto[1].

II. Disparità nello scioglimento del matrimonio

Il Corano dice:

> Potete ripudiarle due volte. Dopo di che, riprendetevele come si conviene, op-
> pure lasciatele andare benevolmente. Non potete rimpossessarvi di quello che
> avete donato loro, a meno che entrambi non temiate di superare i limiti che Dio
> ha imposto. Se supponete che loro non abbiano rispetto per i limiti che Dio ha
> imposto, allora non fatene loro una colpa se si riscattano (*iftadat*) [tenendo
> qualche bene] (2:229).

In virtù di questo versetto l'uomo può ripudiare sua moglie in modo unilaterale, senza fornire una ragione del perché lo fa e senza essere sottoposto alla sentenza di un giudice. Può altrimenti rivolgersi ad un giudice al fine di chiedere lo sciogli-mento legale del suo matrimonio, e questo allo scopo di liberarsi dagli obblighi materiali che incombono su di lui in caso di ripudio. La moglie può ripudiare suo marito solo se ha potuto includere l'eventuale possibilità di ripudio nel contratto di matrimonio, sempre che il marito le abbia permesso di farlo. Per sciogliere il lega-me con suo marito deve rivolgersi al giudice, oppure negoziare con suo marito questo scioglimento, pagandogli un indennizzo e/o rinunciando a beneficiare dell'assegno alimentare e della dote. Questa possibilità, chiamata *khul'*, è prevista dal versetto 2:229 suddetto, che parla di riscatto (*iftadat*). La moglie può anche rivolgersi al giudice, al fine d'ottenere il divorzio in base a motivi legali.

Solo il codice tunisino ha accordato ad entrambi gli sposi il diritto di chiedere lo scioglimento del matrimonio, senza doverne specificare il motivo o, attestando l'esistenza di reciproco consenso a procedere (art. 31). Ma il divorzio è accordato solamente dopo che il giudice di famiglia ha dimostrato che c'è stato un tentativo di riconciliazione, rimasto infruttuoso (art. 32 par. 2).

Il Marocco permette alla moglie di ripudiare suo marito (art. 79) ma solamente se il marito le accorda questo diritto (art. 89). Permette anche il divorzio per consenso reciproco (art. 114), e per riscatto da parte della donna (art. 115).

I paesi musulmani hanno provato a limitare gli abusi da parte degli uomini, basan-dosi sul Corano:

1) Condizione per la ripresa della moglie

Il Corano vieta al marito di riprendere la moglie ripudiata, se lei non si sia prima risposata con un altro uomo e, se anche quest'ultimo matrimonio non sia stato sciolto (2:230). Questo mira a far riflettere il marito prima di ripudiare. Tutti i paesi arabi hanno adottato nelle loro leggi questa norma. In Egitto, il codice di Qadri Pacha dice: "Il marito che avrà ripudiato definitivamente, o per tre volte, sua mo-

---

[1]   Dupret, Baudoin: Le Jugement en action: ethnométhodologie du droit, de la morale et de la justice en Égypte, Librairie Droz, Ginevra-Parigi e CEDEJ, il Cairo, 2006, p. 78-82.

glie, potrà riprenderla solo dopo che lei si sia risposata legittimamente e anche il secondo marito l'abbia ripudiata (o sia deceduto dopo la consumazione del matrimonio) e, solo dopo che sia trascorso il periodo d'attesa necessario" (art. 28). Una norma simile si ritrova nei codici marocchino (art. 39), siriano (art. 36) giordano (art. 30), iracheno (art. 13), yemenita (art. 26), ecc. La Lega araba l'ha prevista nel suo progetto (art. 89). Il marito, tuttavia, riesce ad eludere questa norma mettendosi d'accordo con qualcuno (*hallal*) affinché sposi sua moglie e ne divorzi, senza aver consumato il matrimonio.

Solo la Tunisia ha abbandonato questa norma coranica, poiché impedisce all'uomo di risposare l'ex-moglie, se si è separato da lei adottando il procedimento islamico del triplo ripudio. Difatti, un tale ripudio, costituisce un impedimento permanente a risposarsi (art. 14 e 19).

2) Passaggio davanti al giudice e riconciliazione

Il Corano prevede una procedura di riconciliazione per evitare lo scioglimento del matrimonio:

> Se temete la separazione di una coppia, convocate un arbitro della famiglia di lui e uno della famiglia di lei. Se [i coniugi] vogliono riconciliarsi Dio ristabilirà l'intesa tra loro (4:35).

Questa procedura di riconciliazione è obbligatoria solo per il divorzio giudiziario[1]. Certi legislatori arabi, tuttavia, hanno prescritto il passaggio davanti al giudice per la certificazione del ripudio unilaterale o del divorzio con pagamento di riscatto. Approfittando di questa prescrizione, chiedono al giudice di decretare lo scioglimento del matrimonio solo dopo aver tentato di riconciliare i due sposi, e solo dopo avere imposto loro un periodo di riflessione.

In Algeria, l'articolo 49 recita:

> Il divorzio può essere stabilito solamente tramite un giudizio, che sia stato preceduto da parecchi tentativi di riconciliazione delle parti, da parte del giudice, durante un periodo che non superi i tre mesi dalla presentazione dell'istanza.
>
> Il giudice deve redigere un verbale firmato da lui, dal cancelliere e dalle parti, nel quale siano registrati le modalità e i risultati relativi ai tentativi di riconciliazione.
>
> I giudizi di divorzio sono trascritti obbligatoriamente allo stato civile, da parte del ministero pubblico.

Secondo la dottrina, se il giudice pronuncia il giudizio prima di tentare la riconciliazione, la sua sentenza è viziata e deve essere annullata[2].

Il codice siriano dà più dettagli. Chiede al giudice di posticipare di un mese l'accettazione di un divorzio con ripudio o di un divorzio con pagamento di riscatto. Se trascorso questo termine, il marito o i due coniugi insistono a divorziare, il giudice

---

[1] Per più dettagli, v. Aldeeb Abu-Sahlieh, Sami Awad: La conciliation dans les pays arabes, in: La médiation: un mode alternatif de résolution des conflits?, Schulthess, Zurigo, 1992, p. 99-115.

[2] Sa'd, 'Abd-al-'Aziz: Al-zawaj wal-talaq fi qanun al-usrah al-jaza'iriyyah, Dar al-ba'th, Costantine, 2ª ed., 1989, p. 346.

li convoca. Prova così a risolvere i loro conflitti ricorrendo ad intermediari, scelti fra i loro parenti o fra persone competenti a risolverli. In caso di insuccesso, il giudice autorizza la registrazione del ripudio, o del riscatto, che è valido dalla data della sua sentenza. L'azione è archiviata se nei tre mesi successivi nessuno dei due congiunti ritorna dal giudice (art. 88). Notiamo qui che la comparsa davanti al giudice non è obbligatoria. Ma se la coppia non si presenta subito, dovrà farlo in seguito, in caso di dissapori ulteriori. La comparsa davanti al giudice, in effetti, funge da prova[1].

Il progetto della Lega araba chiede al giudice di procedere a un tentativo di riconciliazione prima di prendere atto della dichiarazione di ripudio. La durata del tentativo è indeterminata. E considera come valido il ripudio certificato non da un giudice ma, da due *adul* (testimoni) o pubblicamente (art. 91).

3) Indennizzo

Maometto dice: "Il ripudio è quell'atto permesso maggiormente detestato da Dio". Certi autori classici ne deducono che il marito non dovrebbe abusare del suo diritto a ripudiare. Ma si può punire un uomo per aver fatto uso di un diritto che gli è riconosciuto dal Corano? Certi legislatori arabi pensano di sì. In Egitto, la moglie divorziata, che non era consenziente al divorzio e non ne è stata la responsabile, oltre all'assegno alimentare dovutole durante tutto il periodo d'attesa, ha anche diritto a un'indennità di consolazione (*mut'ah*, lett.: godimento) equivalente ad un assegno alimentare versato per almeno due anni, prendendo in considerazione la situazione finanziaria del marito; le circostanze in cui è avvenuto il divorzio; e la durata del matrimonio (art. 18bis della legge 100/1985). La legge precisa che: solo la moglie che abbia avuto delle relazioni coniugali in virtù di un matrimonio valido, ha diritto a questa indennità.

La Giordania accorda alla moglie ripudiata abusivamente, un'indennità sotto forma di pensione, che le verrà versata per uno o tre anni, secondo le disponibilità finanziarie del marito. Questa pensione può essere da lui pagata tramite acconti, se è povero, o completamente, se è ricco (art. 134). Pure la Siria accorda una pensione, che sarà versata per un massimo di tre anni (art. 117).

Il Marocco riconosce alla moglie divorziata un "dono di consolazione che sarà valutato prendendo in considerazione la durata del matrimonio, la situazione finanziaria dello sposo, i motivi del divorzio e il grado di abuso accertato nel ricorso al divorzio da parte dello sposo" (art. 84). La guida alla legge precisa:

> Il dono è prescritto per indennizzare la moglie dei danni che risultano dal divorzio, in riferimento alle parole di Dio: "Le divorziate hanno il diritto al mantenimento, in conformità alle buone consuetudini. Un dovere per i timorati" (2: 241).

> La valutazione di questo dono deve essere effettuata in funzione di parecchi elementi fra cui la durata del matrimonio, le cause del divorzio e la situazione finanziaria dello sposo, come previsto dalle parole di Dio: "Non ci sarà colpa se divorzierete dalle spose che non avete ancora toccato e alle quali non avete

---

[1]   Hasan, Najat Qassab: Qanun al-ahwal al-shakhsiyyah, S.e., Damasco, 2ª ed., 1985, p. 107-108.

stabilito la dote. Fate loro comunque, il ricco secondo le sue possibilità e il povero secondo le sue possibilità, un dono di cui possano essere liete, secondo la buona consuetudine. Questo è un dovere per chi vuol fare il bene" (2:236). Il tribunale deve, durante la valutazione del dono di consolazione, tenere conto di quale e quanto abuso è stato fatto subire alla sposa, da parte dello sposo. Se è stabilito che lo sposo ha ripudiato sua moglie senza una ragione valida, il tribunale dovrà tenerne conto durante la valutazione del dono di consolazione e dei danni causati alla sposa.

In Algeria: "Se il giudice constata che lo sposo ha usato abusivamente la sua facoltà di divorziare, accorda alla sposa dei risarcimenti per il pregiudizio che ha subito" (art. 52).

In Tunisia, l'articolo 31 accorda un risarcimento relativamente al pregiudizio materiale e morale, subito da uno o l'altro degli sposi, risultante dal divorzio. Per quanto riguarda la moglie, questo articolo precisa:

Il pregiudizio materiale sarà riparato mensilmente col pagamento di una rendita, che verrà versata anche dopo la scadenza del periodo d'attesa, in funzione del livello di vita al quale era abituata la sposa durante la vita coniugale, tipo dall'alloggio compreso. Questa rendita è rivedibile verso l'alto o verso il basso, secondo le fluttuazioni che possono verificarsi. Continuerà a essere versata fino al decesso della moglie divorziata, oppure fino a quando non intervengano dei cambiamenti nel suo stato sociale, oppure fino a quando non si risposi, oppure fino quando non ne abbia più bisogno. Il pagamento mensile di questa rendita diventa un debito che farà parte dei passivi della successione ereditaria, al momento del decesso del divorziato, e dovrà essere assunto perciò, amichevolmente, dagli eredi o, giudiziariamente, dovrà essere estinto tramite un solo versamento e, tutto questo, in considerazione dell'età della beneficiaria a quel momento. La beneficiaria può chiedere espressamente che la rendita le venga versata sotto forma di capitale, in un solo versamento.

Il progetto della Lega araba prevede che il marito debba offrire alla moglie ripudiata un dono di consolazione, che sia proporzionale alle risorse finanziarie del marito e alla situazione sociale della moglie, a patto che il matrimonio sia stato consumato regolarmente (art. 93).

III. Disparità nell'attribuzione dei beni materiali

Il Corano indica in differenti versetti quali siano gli effetti concreti del matrimonio. Questi versetti servono da base alla legislazione dei paesi arabi[1]. Per dare una visione d'insieme significativa, esamineremo le norme egiziane e marocchine relative alla dote, all'assegno alimentare, ai beni dei coniugi, e alle conseguenze patrimoniali del divorzio e del decesso.

---

[1]   V. i versetti 2:228-229, 233, 236-237, 240-241; 28:27; 31:14; 33:50; 46:15; 60:10-11; 4:7, 11, 19-21, 24-25, 32, 34; 65:1, 4, 6-7; 5:5.

1) La dote

A) In diritto egiziano

Il diritto egiziano comprende solamente una disposizione in relazione alla dote. Si tratta di quella prevista all'articolo 19 del decreto-legge 25/1929, che stipula:

> In caso di contestazione tra gli sposi, relativamente all'importo della dote, le prove devono essere fornite dalla moglie. In mancanza di prove fornite da lei, tutto quanto dichiarerà il marito sotto giuramento farà stato. Tuttavia, se il marito, in relazione alla dote, parla di una somma che, secondo l'usanza, non è proporzionale allo status di sua moglie, la somma della dote sarà stabilita dal giudice in base all'ammontare della dote consuetudinaria che viene versata alle donne della sua condizione. Queste regole sono anche applicabili in caso di contestazione tra uno dei coniugi e gli eredi dell'altro o tra gli eredi dei due sposi.

Questa disposizione è completata dal Codice privato di Qadri Pacha, che dedica una quarantina di articoli alla tema della dote[1]. Ne diamo qui gli elementi essenziali:

- Il matrimonio in cui il marito stipula che non ci sarà dote, è reputato valido e la condizione come inesistente (art. 12 par. 2 Qadri).

- Il matrimonio concluso senza aver fissato il valore della dote è valido, ma l'atto dà comunque diritto alla moglie di percepire la dote consuetudinaria, detta dote di equivalenza (art. 11 e 76 par. 1 Qadri). Ne è parimenti del matrimonio per compenso, in cui un uomo dà in sposa senza dote sua figlia o sua sorella a un uomo, sposando in compenso la sua figlia o la sua sorella (art. 15 Qadri). La dote consuetudinaria è calcolata in proporzione alla dote pagata a una moglie simile, proveniente dalla tribù del suo padre. Si terrà conto dell'età della moglie, della sua bellezza, della sua fortuna, della sua intelligenza, della sua pietà, della sua virtù, della sua verginità o non verginità, della sua istruzione e della condizione del marito (art. 77 Qadri). La somma della dote può essere aumentata dopo aver stipulato il contratto, e ciò da parte del marito della sposa, di suo padre o di un suo avo paterno (art. 78 Qadri). La moglie maggiorenne e sana di mente, può rimettere volontariamente la dote in favore di suo marito, per la totalità o per una parte della dote stipulata. Il padre non può rimettere una parte della dote pattuita in favore di sua figlia minorenne, né di sua figlia maggiorenne, senza avere ottenuto innanzitutto un consenso formale da parte di lei (art. 80 Qadri).

- La dote non ha un massimo. Il minimo della dote è fissato a 10 dirham o talenti d'argento, pesanti 7 miskal, da versare in moneta o non in moneta (art. 70 Qadri). Il marito è obbligato a pagare la dote, indipendentemente dalla consistenza della somma (art. 75 par. 2 Qadri). Possono essere considerati come dote: palazzi, effetti mobiliari, gioielli, bestiame, beni fungibili, e anche usufrutto di beni mobili o di palazzi (art. 71 Qadri).

---

[1] V. gli articoli 11, 12, 15, 17, 18, 41, 45, 46, 51, 52, 56, 60, 70-112, 133, 138, 141, 142, 162, 207, 208, 213.

- La dote può essere pagata integralmente alla celebrazione del matrimonio, oppure pagata in due tempi, uno al momento dell'atto, e l'altro ad una certa scadenza, secondo gli usi di ogni località (art. 73 Qadri).

- Una volta che il matrimonio è concluso, il marito è debitore verso la moglie della dote consuetudinaria, se manca una dote contrattuale, come pure del suo mantenimento. In contropartita, la moglie ha l'obbligo di assecondare ogni desiderio di suo marito quando è legittimo, e di non lasciare senza motivo plausibile il domicilio coniugale, senza l'autorizzazione di lui, e di non sottrarsi ai doveri coniugali, senza addurre una valida scusa (art. 17 par. 2 Qadri).

- Se la moglie non riceve la parte pagabile della sua dote dopo averla richiesta, può negarsi a suo marito e lasciare il domicilio coniugale senza il permesso di lui, senza per questo essere considerata disubbidiente e perdere i suoi diritti al mantenimento (art. 161, 213 e 214 Qadri). La moglie che si è data a suo marito, non potrà più dire di non avere ricevuto alcunché dell'anticipo pagabile della dote, a meno che non si possa dimostrare, in base agli usi della località, che il marito non versa alcun anticipo della dote se non ha prima consumato il matrimonio (art. 104 par. 1 e 2 Qadri).

- Quello che sposa una moglie promettendo una dote superiore alla dote consuetudinaria, in considerazione della sua verginità, è tenuto a pagare solamente la somma relativa alla dote consuetudinaria, se ha constatato che la moglie non era vergine (art. 92 Qadri).

- La dote appartiene solamente alla moglie: ha il diritto di disporne, in ogni momento, senza avere bisogno dell'autorizzazione di suo marito, né del consenso di suo padre, di suo nonno o del suo tutore testamentario, qualora sia maggiorenne. Potrà alienarla, impegnarla, noleggiarla a titolo di prestito, e donarla a titolo gratuito a suo marito, ai genitori di lui e ai suoi (art. 97 Qadri).

- Se i beni che compongono la dote, i quali erano stati determinati, sono svaniti fra le mani del marito, o sono stati consumati da lui prima di essere consegnati alla moglie, o sono stati negati alla moglie dopo averli messi nelle sue mani, allora la donna ha il diritto di farsi riconsegnare dal marito dei beni della stessa natura se ne esistono, oppure ha il diritto di richiedere il controvalore di quanto le è stato sottratto (art. 103 par. 1 Qadri).

B) In diritto marocchino

Come in diritto egiziano, la dote è una delle condizioni da assolvere per sposarsi. Se non è stabilita nell'atto di matrimonio, al momento della sua conclusione, lo stabilirla è delegato ai coniugi. Nel caso in cui questi, dopo consumazione del matrimonio, non si sono messi d'accordo sulla sua portata, il tribunale procede a determinarla, tenendo conto della loro classe sociale (art. 27). La legge non fissa né un massimo né un minimo in merito alla dote, ma l'articolo 28 dice: "È raccomandato legalmente di moderare la somma della dote". L'articolo 26 indica che "il fondamento legale della dote non si giustifica per il suo valore materiale ma piuttosto per il suo valore morale e simbolico".

I coniugi possono procedere al pagamento della dote in anticipo o a termine, relativamente alla totalità o ad una parte della stessa (art. 30). La dote è proprietà della moglie: può disporne liberamente e lo sposo non ha il diritto di esigere da lei, in compenso, un aiuto qualsiasi in termini di beni per l'arredamento o altro (art. 29). La moglie può esigere il pagamento della parte dovuta prima della consumazione del matrimonio (art. 31).

2) L'assegno alimentare in favore della moglie

A) In diritto egiziano

In Egitto, l'obbligo alimentare del marito in favore di sua moglie è regolato dalla legge 25/1920 emendata dalla legge 100/1985.

L'articolo 1 par. 1 di questa legge prevede che l'assegno alimentare in favore della moglie sia di competenza del marito, fin dalla conclusione di un matrimonio valido, allorquando la moglie si dia effettivamente o legalmente allo sposo. Questo obbligo incombe sul marito, indipendentemente da quanto ricca sia la moglie o dalla religione che lei segue. Il par. 2 precisa che l'ammalarsi della moglie non svincola il marito dal portare a termine questo obbligo.

L'assegno alimentare comprende gli alimenti, l'abbigliamento, l'alloggio, le spese di terapia e ogni altro onere imposto dalla legge islamica (art. 1 par. 3).

La moglie perde il suo diritto alla pensione nei seguenti casi (art. 1 par. 4 e 5):

- Diventa apostata.
- Rifiuta di mettersi a disposizione del marito senza una ragione legale, oppure è incapace di farlo per una ragione che non esisteva prima del matrimonio.
- Lascia il domicilio coniugale senza l'autorizzazione del marito, a meno che non sia per una ragione prevista dal diritto musulmano, dall'usanza o per necessità. La moglie non perde il suo diritto alla pensione se lascia il domicilio per un lavoro lecito, a meno che se il suo lavoro non costituisca un suo abuso di diritto, o non sia contrario all'interesse della famiglia, o non sia qualcosa che il marito voglia lei cessi di svolgere[1].

La pensione della moglie, è considerata come un debito imprescrittibile per il marito, semmai lui cercasse di non sdebitarsi, mentre l'azione relativa all'assegno alimentare è valida solamente per l'anno che precede l'azione intentata davanti a un tribunale. Il pagamento della pensione ha la precedenza su qualsiasi altro debito del marito e su qualsiasi altro debito alimentare (art. 1 par. 5-8).

Se il marito rifiuta di assolvere il suo obbligo alimentare e possiede dei beni apparenti, il tribunale lo condanna ad assicurare il mantenimento impegnando questi beni. Quando il marito non ha beni apparenti, il tribunale può trovarsi davanti ad uno dei due seguenti casi:

---

[1] L'articolo 169 del Code du statut personnel di Qadri Pacha, dice: "La donna che pratica una professione, e che esce al mattino dal domicilio coniugale e vi ritorna alla sera, non ha diritto alla pensione, se il marito le ha proibito di farlo". L'Alta corte costituzionale ha decretato l'articolo 1 par. 5 della legge no 25 del 1920, come sostituito dalla legge 100 del 1985, permettendo così alla donna di fare un lavoro lecito, come conforme all'articolo 2 della costituzione (3 maggio 1997, no 18/14, Raccolta, vol. 8, p. 611 e ss).

- Se il marito mantiene il silenzio sul suo stato di fortuna, senza dire se ha o non ha beni, e persiste nel non assolvere il suo obbligo, in questo caso il giudice pronuncerà seduta stante il divorzio.

- Se il marito sostiene di essere povero, ma senza provarlo, il giudice pronuncia il divorzio seduta stante. Se prova la sua indigenza, il giudice gli accorda un periodo adatto, che non superi il mese, per porvi rimedio, e pronuncia il divorzio se il marito continua a non occuparsi del mantenimento (art. 4).

Se il marito si è trasferito in un luogo non lontano, verranno impegnati i suoi beni presenti e apparenti per pagare la pensione, se ha di questi beni. Se non ne ha, il giudice l'avverte, tramite le vie consuetudinarie, di far fronte ai suoi impegni, e gli impone un termine dopo il quale, se non paga, il divorzio sarà pronunciato. Se il marito si è trasferito in un luogo lontano o è scomparso, e si certifica che non ha beni presenti e apparenti, il divorzio sarà pronunciato immediatamente. Queste norme si applicano anche a riguardo del detenuto che non provvede al mantenimento della moglie (art. 5).

Il marito può riprendere sua moglie prima dello scadere della durata del periodo di continenza, se prova d'avere i mezzi economici utili ad assicurare il mantenimento per il presente e *a fortiori* per l'avvenire (art. 6).

Queste disposizioni sono completate dal Codice privato di Qadri Pacha, che dedica gli articoli 160-205 agli obblighi del marito verso le sue mogli, relativamente al loro mantenimento. Ci limitiamo agli elementi essenziali:

- Il marito ricco è tenuto a provvedere al mantenimento di una o più domestiche, preposte a servire la moglie e i figli (art. 165 Qadri).

- Le spese per il mantenimento, le quali la moglie si è fatta accordare come prestito in nome di suo marito, tramite decisione giudiziale, restano di competenza del marito. Per rimborsare quel prestito, lei potrà attingere dall'eredità del marito se lui muore prima di lei. Se il prestito è stato accordato tramite decisione del magistrato, il prestatore ha la facoltà di esigere il pagamento sia dalla moglie che dal marito. In mancanza di decisione giudiziale, il prestatore procederà ad un'azione contro la moglie, ed essa si rivolgerà poi al marito per la restituzione del denaro (sempre che lei abbia il diritto di farlo) (art. 202 Qadri).

- La moglie debitrice di suo marito non potrà sdebitarsi rinunciando al credito per il suo stesso mantenimento, a meno che il marito non lo consenta. Il marito potrà, al contrario e senza dover chiedere il consenso di lei (art. 205 Qadri), sdebitarsi per il mantenimento di lei, rinunciando a riscuotere i crediti che la moglie aveva verso di lui.

Segnaliamo qui che il diritto musulmano prescrive che, dopo lo scioglimento di un matrimonio consumato o probabilmente consumato, sciolto sia tramite divorzio che per decesso del marito, la moglie deve osservare un periodo di ritiro durante il quale non può lasciare il domicilio coniugale, non può intraprendere azioni per risposarsi, e deve segnalare se è incinta o no. Il periodo di ritiro può variare a seconda che la moglie sia incinta o in menopausa. Durante il periodo di ritiro, la moglie continua a beneficiare del suo diritto all'assegno alimentare.

B) In diritto marocchino

Il codice di famiglia comincia con l'affermare che ogni persona deve provvedere ai suoi bisogni in base alle sue risorse, salvo eccezione prevista dalla legge (art. 187 par. 1). Poi, impone al marito di pagare la pensione a sua moglie, fin dalla consumazione del matrimonio, o fin da quando è stato invitato dalla sposa a farlo dopo la conclusione del contratto (art. 194). L'articolo 189 precisa che "l'assegno alimentare comprende l'alimentazione, l'abbigliamento, le cure mediche, tutto ciò che è considerato abitualmente come indispensabile e l'istruzione dei figli". Il par. 2 aggiunge che la valutazione dell'importo della pensione "si effettua con moderazione e tenendo conto dei redditi della persona che deve versare l'assegno alimentare, della situazione della persona che ne ha diritto, del corso dei prezzi, e degli usi e costumi del contesto sociale in cui l'assegno alimentare è dovuto".

L'articolo 193 accorda alla moglie la precedenza a riscuotere la sua pensione, rispetto al provvedere ai bisogni di tutti coloro che dipendono dal marito, qualora lui si trovi in difficoltà economica. Vengono poi i figli, d'entrambi i sessi, in tenera età, seguiti dalle figlie, dai figli, dalla madre e infine dal padre.

Se il marito manca al suo obbligo di pagare la pensione alla moglie, lei può chiedere il divorzio giudiziale. Prima di concedere il divorzio, il tribunale comincia a racimolare detta pensione, attingendo dai beni di cui dispone il marito. Se l'indigenza di lui è accertata, il tribunale gli accorda, in funzione delle circostanze, un margine di tempo che non superi i trenta giorni per tentare di assicurare il mantenimento della sposa. In mancanza di mantenimento, salvo mancanza a causa di circostanza imperiosa o eccezionale, il divorzio è pronunciato. Se il marito non dimostra la sua incapacità ad assumere il suo obbligo o rifiuta di farlo, il tribunale pronuncia immediatamente il divorzio (art. 102). Questo si applica anche a riguardo dello sposo assente che si sa dove si trovi. Se si ignora dove si trovi lo sposo, il tribunale, con l'aiuto del ministero pubblico, verifica la validità dell'azione intentata dalla sposa, e delibera sull'affare alla luce dei risultati forniti dall'inchiesta e alla luce dei documenti forniti in merito alla faccenda (art. 103).

Il marito è tenuto ad assicurare l'assegno alimentare alla sua ex-moglie, durante tutto il ritiro legale di lei (art. 84).

3) L'assegno alimentare in favore dei figli e dei parenti

A) In diritto egiziano

In Egitto, l'obbligo alimentare del marito in favore dei figli è regolato dall'articolo 18 bis II del decreto-legge 25/1929 emendato dalla legge 100/1985.

Secondo questo articolo, il padre è tenuto ad assicurare l'assegno alimentare alle sue figlie fino al loro matrimonio o finché siano capaci di badare a se stesse. Ai figli, il padre assicura l'assegno alimentare fino all'età di 15 anni purché siano poi capaci di guadagnare abbastanza da sopravvivere. La pensione continua dopo questa età se i figli sono ammalati o vogliono e possono studiare. Questa disposizione è completata dal Codice privato di Qadri che dedica

-   gli articoli 395-407 all'obbligo del padre verso i suoi figli relativamente al mantenimento,

- gli articoli 408-414 alla pensione dovuta ai genitori da parte dei loro figli, e

- gli articoli 415-419 alla pensione dovuta ai genitori uterini.

Non entriamo nei dettagli. Ciò che è importante da dire qui è che la moglie non è tenuta a contribuire alle spese della casa, alle spese per lei stessa e a quelle per i suoi figli. Inoltre, differentemente dalla sposa, che è sempre a carico del marito indipendentemente dalle risorse della sposa, il figlio non è a carico di suo padre che se non può provvedere ai suoi bisogni.

Segnaliamo qui che la moglie divorziata o vedova, finisce per venir presa a carico da suo padre o dai suoi fratelli, a meno che non lavori e sia indipendente. Ora, nella società egiziana la moglie non è tenuta a lavorare.

B) In diritto marocchino

Secondo l'articolo 198, il padre è obbligato a provvedere ai bisogni dei suoi figli fino alla maggior età o, fino a venticinque anni compiuti per quanto riguarda i figli che proseguono i loro studi. La figlia è avvantaggiata poiché il padre è tenuto a provvedere ai suoi bisogni senza limiti, a meno che lei non disponga di risorse proprie o, fino a quando il suo mantenimento non inizi ad essere pertinenza del marito. Il padre deve continuare ad assicurare il mantenimento dei suoi figli handicappati e incapaci di procurarsi delle entrate. La madre non è tenuta ad assumere questo compito, a meno che il padre non sia, totalmente o parzialmente, incapace di provvedere al mantenimento dei suoi figli e a meno che lei non sia benestante (art. 199). Se il padre affida il figlio ad una nutrice, egli si assume di remunerarla (art. 201).

4) I beni dei coniugi

A) In diritto egiziano

Non esiste disposizione legale egiziana che parli dei beni degli sposi, salvo l'articolo 1 della legge 25/1920 che dice che il dovere di mantenere sua moglie incombe sul marito. Bisogna dunque ritornare al codice privato di Qadri.

Abbiamo già segnalato le disposizioni di questo codice, che affermano che la dote appartiene alla moglie, la quale è libera di disporne come le pare. Altre disposizioni concordano nell'affermare che i beni della moglie sono separati da quelli del marito. Ne diamo qui gli elementi essenziali:

- L'articolo 112 di Qadri afferma che "i beni non sono oggetti legati al matrimonio. La moglie non può essere obbligata ad adoperare una parte dei suoi beni né della sua dote per l'acquisto del corredo. Nemmeno il padre è tenuto ad acquistare, col suo denaro, il corredo per la figlia".

- Il corredo che il padre acquisterà per sua figlia minorenne, diventerà di proprietà esclusiva della ragazza, in virtù d'acquisizione paterna. Il padre non può farselo restituire. In caso di decesso del padre, prima di aver pagato il prezzo degli oggetti che fanno parte del corredo, il venditore potrà farsi pagare tramite l'eredità, senza che i coeredi della minorenne abbiano il diritto di rifarsi su di lei (art. 114 Qadri). In quanto al corredo che il padre acquisterà a sua figlia maggiorenne, questa ne diventerà proprietaria solo una volta che lei ne abbia preso possesso. Il padre non può più spossessarla (art. 113 Qadri).

- Il corredo è proprietà esclusiva della moglie. Il marito non può pretendere alcuno dei mobili che ne fanno parte. Non può obbligarla neanche a mettere i mobili che appartengono a lei a disposizione di lui e/o dei suoi ospiti. Non può servirsene che con l'autorizzazione di lei e il suo consenso volontario. Se il marito si impossessa di un oggetto del corredo durante il matrimonio o dopo il suo scioglimento, la moglie ha il diritto di perseguirlo, per farsi restituire o rimborsare il controvalore in caso di perdita o di consumazione del maltolto (art. 116 Qadri).

- In caso di contestazione tra gli sposi, durante il matrimonio o dopo il suo scioglimento, sui mobili o sugli effetti che guarniscono la casa abitata, gli oggetti che servono in modo particolare alle donne, salvo dimostrazione del contrario da parte del marito, sono attribuiti alla moglie. Gli oggetti che sono abitualmente utilizzati dall'uomo, in mancanza di prova contraria da parte della moglie, o che possono servire ad entrambi, saranno accordati al marito (art. 118 Qadri).

- Il diritto musulmano riconosce al marito il potere maritale. Ma l'articolo 206 par. 1 di Qadri afferma che questo potere si limita all'aspetto disciplinare e non tocca i beni della moglie. Questo articolo aggiunge:

La moglie può disporre della totalità dei beni che appartengono a lei senza il consenso o l'autorizzazione del marito, e senza che questo possa far valere il suo potere maritale.

Può ricevere le pigioni e le rendite delle sue proprietà, e affidare a qualcuno che non sia suo marito l'amministrazione dei suoi beni.

Gli atti civili da lei contratti non hanno bisogno, in nessun caso, per essere validi, dell'autorizzazione o ratifica di suo marito, né di quella di suo padre, né del suo avo paterno, né del suo tutore testamentario, se è maggiorenne e gode di capacità civile.

Indipendentemente dalla fortuna della moglie, essa non è tenuta a contribuire agli impegni finanziari del matrimonio.

Il Codice di Qadri non contiene alcun articolo che parli dei beni del marito, i quali sono separati da quelli della moglie. Ma l'articolo 212 dice che la moglie deve "badare accuratamente alla conservazione dei beni di lui e della sua casa; non deve dar via alcunché senza il permesso del marito, ad eccezione di ciò che l'uso permette di dare".

Tradotto in termini giuridici occidentali, queste norme significano che il marito e la moglie vivono sotto il regime della separazione dei beni. I due coniugi possono sottomettere i loro rapporti patrimoniali a norme convenzionali differenti da quelle previste dal diritto musulmano? Né la legge, né la dottrina risponde a questa domanda. Ma niente, in teoria, dovrebbe impedire una scelta in merito. Difatti, il diritto musulmano permette ai coniugi di gestire le condizioni matrimoniali, purché queste condizioni non siano contrarie alle norme imperative. L'articolo 12 Qadri stipula:

Non è valido il matrimonio sottomesso a una condizione o a una circostanza, la cui realizzazione è incerta.

Ma il matrimonio contratto includente una condizione illegale, è reputato valido, e la condizione come inesistente; tale è il matrimonio in cui il marito stipula che non ci sarà dote.

L'ordinanza dei *mazun* (notai) del 1955, modificata nel 2000, prescrive ai *mazun*, all'articolo 23, di chiarificare ai coniugi le questioni che andrebbero regolate nel contratto di matrimonio. Bisognerebbe accordarsi sui seguenti punti, per esempio:

- Proprietà dei beni mobiliari che si trovano presso il domicilio coniugale.
- Godimento del domicilio coniugale in caso di divorzio o di decesso.
- Interdizione al marito di concludere un altro matrimonio senza il consenso scritto della moglie.
- Costituzione di un capitale o di uno stipendio periodico da versare alla moglie, a debito del marito, nel caso in cui lui la ripudiasse senza il consenso di lei.
- Delegazione da parte del marito, in favore di sua moglie, del diritto a ripudiare, affinché lei possa ripudiarsi da sé.
- Qualsiasi altro elemento che non autorizza ciò che è vietato e non vieta ciò che è autorizzato secondo il diritto musulmano.

Non esiste, che ci sia noto, uno studio che dimostri cosa sia praticato in Egitto. Secondo un avvocato egiziano che abbiamo potuto consultare, i salari, essendo poco elevati in Egitto, del marito e della moglie sono entrambi messi a disposizione della casa.

B) In diritto marocchino

Abbiamo visto che la dote è di proprietà della moglie. Ne è parimenti di tutto ciò che porta la sposa, sotto forma di corredo e d'arredamento, o di oggetti preziosi, al domicilio coniugale. In caso di contestazione a proposito di chi sia il proprietario del resto degli oggetti, questo è stabilito dalle regole generali relative alle prove che vengono presentate a beneficio di uno o dell'altro coniuge. In assenza di prove, sarà dato credito a quanto dice lo sposo, sotto giuramento, se si tratta di oggetti abitualmente utilizzati dagli uomini, e a quanto dice la sposa, sotto giuramento, per gli oggetti abitualmente utilizzati dalle donne. Gli oggetti che sono indistintamente utilizzati da uomini e da donne saranno, in base a quanto testimoniato da entrambi sotto giuramento, attribuiti all'uno o all'altra come fossero di loro possesso, oppure condivisi tra essi, a meno che uno di essi non rifiuti di giurare, mentre l'altro accetta di farlo. In questo caso si delibera in favore di chi ha fornito una testimonianza sotto giuramento (art. 34).

Il diritto musulmano prevede il regime della separazione dei beni. Tuttavia, il diritto malikita vieta alla moglie sposata di disporre di più di un terzo dei suoi beni, senza l'autorizzazione del marito, contrariamente a ciò che prevede la scuola hanafita. Questa limitazione è confermata dall'articolo 6 del vecchio codice di commercio, che esigeva l'autorizzazione maritale perché la moglie potesse disporre dei suoi beni, nell'ambito di un'attività commerciale. Ma il legislatore marocchino si è scostato da questo punto di vista e, nel nuovo codice di commercio del 1996, all'articolo 17 è stipulato che: la moglie sposata può esercitare un'attività commerciale senza l'autorizzazione del marito. Ogni clausola contraria a ciò è considerata nulla. La libertà della moglie di disporre dei suoi beni, è confermata dall'articolo 35 cifra 4 della *Mudawana*, il vecchio codice, che dice: "I diritti e doveri reciproci tra sposi sono [...] l'intera libertà di amministrare e di disporre lei dei suoi beni, senza nessun controllo da parte del marito, siccome quest'ultimo non ha alcun diritto sui beni della sua sposa"[1].

I due sposi possono aderire ad un altro regime, diverso da quello della separazione dei beni, e possono ripartirsi in altro modo le responsabilità della casa?

Maurice Hamou e Najat El-Khayat insistono che in diritto musulmano marocchino, non c'è libertà nelle convenzioni matrimoniali. Se gli sposi marocchini musulmani hanno firmato un contratto di matrimonio che parla di un altro regime, diverso da quello della separazione dei beni, essi rimangono comunque sottomessi, per quanto riguarda i loro rapporti matrimoniali all'interno del Marocco, alla *lex fori*, vale a dire al Codice di statuto personale, la Mudawana, che è stato stabilito in base al diritto musulmano classico. Perciò, ogni coppia di marocchini musulmani, o di cui uno degli sposi è marocchino musulmano, è totalmente sottomessa al principio della separazione dei beni, senza possibilità di compromessi, e ai diritti e doveri reciproci fissati dalla Mudawana[2].

Questo non sembra tuttavia essere in conformità con la legge. Difatti, anche se il regime in Marocco è quello della separazione dei beni, l'articolo 39 della Mudawana permette di includere nel contratto di matrimonio una qualche condizione che non sia contraria all'essenza o agli scopi del matrimonio. Così, dice la Mudawana, se la moglie stipula la sua possibilità di occuparsi degli affari pubblici del paese, una tale condizione non è contraria agli scopi del matrimonio. Dovrebbe essere lo stesso qualora i due coniugi decidessero, per esempio, che i loro beni sono messi in comune o che il marito si può occupare dei beni di sua moglie[3].

Questo è stato confermato dal codice di famiglia marocchino, di cui l'articolo 49 dice ciascuno dei due sposi dispone di un patrimonio distinto dal patrimonio dell'altro, ma possono, tramite un documento separato dall'atto di matrimonio, mettersi d'accordo sul modo di far fruttare i beni acquistati durante il matrimonio, e sul modo di ripartirli. In mancanza d'accordo, si fa ricorso alle regole generali, relative alle prove da fornire per l'attribuzione dei beni all'uno o all'altro coniuge, che prendono in considerazione il lavoro che ciascun coniuge ha svolto, gli sforzi che ha compiuto per incrementare i beni di famiglia, e le relative responsabilità che ha assunto.

---

[1]   V. Al-Shafi'i, Muhammad: Ahkam al-usrah fi daw' mudawanat al-ahwal al-shakhsiyyah, 2ª ed., Al-manshurat al-jami'yyah al-maghribbiyah, Marrakesh, 1995, commento all'articolo 35.

[2]   Hamou, Maurice e El-Khayat, Najat: Maroc, in: Régimes matrimoniaux, successoraux et libéralités dans les relations internationales et internes, Bruylant. Bruxelles, 2003, vol. II, p. 1776-1778.

[3]   V. Al-Fakhuri, Idris: Ahkam al-zawaj fi mudawwanat al-ahwal al-shakhsiyyah, s.e., Casablanca, 1993, p. 304-307.

Segnaliamo qui che se la moglie non lavora, e rimane a casa per occuparsi dei suoi figli, non ha diritto ad una rimunerazione per la loro cura durante la relazione coniugale (art. 167 par. 2).

5) Conseguenze patrimoniali allo scioglimento del matrimonio

A) La dote

a) In diritto egiziano

Le leggi egiziane sono molto lacunose in merito alle conseguenze patrimoniali del divorzio. Anche queste leggi sono completate dalle disposizioni del codice privato di Qadri. Ne diamo qui gli elementi essenziali:

- Nel caso in cui il marito non abbia fissato una dote contrattuale, la moglie non avrà diritto alla dote consuetudinaria se non quando abbia avuto luogo l'annullamento del matrimonio, in seguito ad una coabitazione permessa o dopo la scomparsa della verginità (art. 18 par. 3 Qadri).

- La moglie ripudiata prima di ogni coabitazione reale o presunta, avrà diritto solamente alla metà della dote contrattuale. Se la dote è stata già pagata, la moglie deve restituirne la metà (art. 84 Qadri). Se la moglie ha contribuito allo scioglimento del matrimonio, in quanto ha commesso degli errori, prima che il matrimonio fosse consumato, non ha diritto a nessuna parte della dote e deve restituire tutto ciò che ha ricevuto. È il caso della moglie che diventa apostata, abbandonando l'islam (art. 86 Qadri). La moglie perde anche il suo diritto alla dote, se questa è consuetudinaria o stabilita dopo il matrimonio, quando il ripudio precede ogni coabitazione reale o presunta (art. 86 Qadri).

- Se la moglie aveva già fatto dono della totalità o di una parte della sua dote, e in seguito il matrimonio viene sciolto tramite ripudio, prima della sua consumazione, il marito avrà diritto di riprendersi la metà della dote pagata, se era costituita da valori monetari o da cose fungibili (art. 98 par. 1 Qadri).

- L'articolo 20 della legge 1/2000, permette alla moglie di ottenere velocemente un divorzio, senza dover giustificare la sua richiesta. Le basta dichiarare che non vuole più essere sposata al suo sposo, che il prosieguo della vita coniugale le è diventato intollerabile, e che teme di infrangere i principi stabiliti da Dio in caso proseguisse la via comune. Il giudice mette allora in opera una procedura di riconciliazione: due mediatori, chiamati da entrambi le parti, facenti parte delle famiglie rispettive, dovranno provare, per 3 mesi consecutivi, a riconciliare gli sposi. Se la moglie mantiene la sua posizione, il giudice è obbligato ad accordarle il divorzio. La sua decisione è definitiva e senza appello. In contropartita, la moglie dovrà rinunciare ai privilegi finanziari ai quali avrebbe avuto diritto, diversamente. Perde così il suo diritto a ricevere un assegno alimentare (*nafaqah*) della durata di un anno, e a ricevere un compenso finanziario (*mut'ah*), e dovrà restituire la somma della dote già ricevuta e rinunciare a riceverne il resto. Tuttavia, la moglie non perde il diritto all'affidamento dei suoi figli e all'assegno alimentare, da parte del suo ex-sposo, utile al mantenimento dei loro figli[1].

- In caso di decesso della moglie prima che abbia percepito la totalità della sua dote, i suoi eredi saranno autorizzati a chiedere a suo marito o ai suoi eredi, ciò che resta ancora della dote, dopo deduzione della parte che appartiene al marito relativamente all'eredità della moglie se lei muore prima di lui (art. 99 par. 2 Qadri).

b) In diritto marocchino

In caso di divorzio, il marito deve pagare alla moglie il residuo della dote (art. 84). La dote non viene versata, oppure ciò che è stato versato può essere richiesto dal marito, in caso di divorzio basato su giudizio redibitorio pronunciato dal giudice, prima della consumazione del matrimonio (art. 109). Ma se il marito era a conoscenza del vizio della moglie, prima del matrimonio e, il divorzio ha avuto luogo prima della consumazione, il marito deve alla moglie la metà della dote (art. 110).

Il diritto marocchino permette anche il divorzio per riscatto, contro versamento, da parte della moglie in favore del marito, di un compenso, fissato di comune accordo (art. 114-116). La somma non deve essere abusiva o esagerata (art. 118), e non deve "avere a che fare con i diritti dei figli o con il loro assegno alimentare" (art. 119 par. 1). Se i due sposi sono d'accordo sul principio del divorzio per riscatto, e la somma non ha potuto essere fissata, si rivolgono al tribunale perché venga fissata (art. 120 par. 1). La moglie può richiedere la restituzione del compenso convenuto, se questo divorzio è il risultato di una costrizione per lei o di un pregiudizio che è stato causato a lei dal suo sposo (art. 117).

B) Assegno alimentare e indennità in favore della moglie

a) In diritto egiziano

Il Corano prescrive che dopo lo scioglimento di un matrimonio consumato o presumibilmente consumato, sciolto tramite ripudio, o divorzio o divorzio per riscatto, o annullamento, o per via del decesso del marito, la moglie dovrà osservare un termine di ritiro (chiamato anche termine di continenza) durante il quale non potrà lasciare il domicilio coniugale, non potrà intraprendere misure per risposarsi, e dovrà segnalare se è incinta o no. Il termine di ritiro può variare a seconda della condizione della moglie: incinta o in menopausa. Durante il termine di ritiro, la moglie divorziata, e non vedova, continuerà a beneficiare del suo diritto all'assegno alimentare. Tuttavia, se il matrimonio è stato sciolto per via di ripudio, di divorzio o di divorzio per riscatto, a causa di un errore della moglie o in base ad una sua richiesta, la moglie perde il suo diritto all'assegno alimentare. Il decreto-legge 25/1929 contiene un solo paragrafo concernente questa questione. L'articolo 17 par. 1 dice:

Non è accettabile far richiesta di un assegno alimentare per il ritiro legale, per un periodo superiore all'anno, a decorrere dalla data del divorzio[1].

---

[1] Questo articolo è stato giudicato conforme alla costituzione, il cui articolo 2 prevede che i principi del diritto musulmano sia la fonte principale della legge (HCC, 15 dicembre 2002, no 210/23, JO no 52, suppl. 26 dicembre 2002).

In più dell'assegno alimentare, l'articolo 18 bis aggiunto dalla legge 100/1985 al decreto-legge 25/1929, accorda, in caso di matrimonio valido consumato, alla moglie ripudiata o divorziata, non per suo errore e senza il suo accordo, il diritto di ottenere una somma di denaro, a titolo di indennità. Questa somma non deve essere inferiore alla somma attribuita a lei, a titolo di mantenimento, stabilita su un periodo di due anni. Il giudice prende in considerazione la situazione finanziaria del marito, le circostanze del divorzio e la durata della vita coniugale. Il pagamento di questa somma può compiersi tramite parecchi versamenti.

Segnaliamo qui che la moglie è tenuta ad osservare il ritiro legale dopo il decesso del suo sposo, ma secondo la scuola hanafita non ha il diritto all'assegno alimentare. Un'opinione minoritaria contraria è enunciata da Abu-Bakr Al-Razi secondo cui la vedova ha il diritto all'assegno alimentare durante la sua pensione, e la pensione è considerata come un debito da onorare prima della divisione ereditaria[2].

La legge 1/2000 ha adottato una serie di misure per assicurare il pagamento dell'assegno alimentare alla moglie. Così:

- Il giudice può concedere un assegno alimentare provvisorio o modificarne la somma (art. 10).

- In caso di debiti molteplici: precedenza al versamento della pensione della sposa o ex-sposa, poi a quella dei figli, poi a quella dei genitori, poi a quella dei vicini (art. 77).

- Il giudice può fare appello alla procura per procedere a un'inchiesta per valutare la somma reale dei guadagni del marito. Sotto riserva del rispetto del segreto bancario, tutte le autorità devono cooperare. La procura deve procedere entro i 30 giorni dalla richiesta, e non deve utilizzare per altri fini le notizie così raccolte (art. 23).

- Creazione di un fondo speciale presso la Banca sociale Nasser. Basterà, alla moglie divorziata, rivolgersi alla banca con una copia del giudizio di condanna dello sposo, e questo fondo le verserà la somma della pensione prima di reclamarla, a sua volta, dallo sposo. Questa misura era già prevista dalla legge 72 del 1976, abrogata dalla legge 1/2000, ma non era mai stata applicata. I nuovi articoli 73-76 mettono in opera un sistema di pignoramento su stipendio per iniziativa della Banca Nasser, contro il marito debitore che non adempie i suoi obblighi. Ogni amministrazione o impresa privata o pubblica, deve trattenere una parte del reddito del debitore e deve riversarla nelle casse della banca. Questo sistema mira a coprire solamente gli assegni alimentari e non copre il versamento della pigione, dell'alloggio occupato dall'ex-sposa, e dell'alloggio dei figli di cui lei ha l'affidamento (art. 71). La messa in opera di questa procedura è stata fissata dal decreto del Ministero della giustizia 2722 del 2004.

---

[1]   Per più dettagli, v. Qadri Pacha: Code du statut personnel, op. cit., articoli 27-29, 109, 128, 132-135, 310-331.
[2]   Al-Jundi, Ahmad Nasr: 'Iddat al-nisa' 'aqb al-farq aw al-talaq, Dar al-kutub al-qanuniyyah, Al-Mahallah Al-kubra, il Cairo, 1995, p. 198.

b) In diritto marocchino

Come in diritto egiziano, la moglie, divorziata dopo un matrimonio consumato, o il cui marito è deceduto dopo che il matrimonio è stato consumato o no, deve osservare un ritiro legale (art. 129). Il ritiro ha luogo presso il domicilio coniugale o un altro domicilio, che le è riservato (art. 131). Il periodo massimo di ritiro è di 12 mesi (art. 135).

La moglie divorziata ha il diritto alla pensione del ritiro legale e a un dono di consolazione "valutato prendendo in considerazione la durata del matrimonio, la situazione finanziaria dello sposo, i motivi del divorzio e il grado di abuso accertato nel ricorrere al divorzio da parte dello sposo" (art. 84).

C) Assegno alimentare in favore dei figli

a) In diritto egiziano

Il divorzio non annulla il dovere del padre, relativo all'assumersi solo l'assegno alimentare per i suoi figli.

Secondo l'articolo 20 del decreto-legge 25/1929 modificato dalle leggi 100/1985 e 4/2005, la madre ha la custodia dei figli e delle figlie fino al loro compimento dei 15 anni. Passata questa età, il giudice dà loro la scelta di rimanere colla loro madre fino alla maggioranza per i figli (21 anni), e fino al matrimonio per le ragazze. L'articolo 18 bis III dice a questo riguardo che il padre dei figli deve assicurare tanto ai figli che alla madre che li ha in affidamento, l'alloggio adatto, che può essere il domicilio coniugale o un domicilio alternativo.

Se la moglie che ha in custodia il figlio, continua ad allattare il figlio dopo la fine del ritiro legale, ha il diritto di richiedere uno stipendio. Ha anche il diritto di richiedere uno stipendio per l'affidamento del figlio (art. 369 Qadri). La madre non può richiedere invece uno stipendio per l'allattamento del figlio ed il suo affidamento, durante il periodo del ritiro legale (art. 368-369 Qadri).

b) In diritto marocchino

Dopo il divorzio, il padre continua ad essere tenuto a versare l'assegno alimentare ai suoi figli come faceva durante il matrimonio (art. 85). Deve versare anche una rimunerazione alla persona incaricata della custodia del figlio, del suo allattamento e del suo mantenimento. Se si tratta della madre, non ha il diritto alla rimunerazione per la custodia dei suoi figli durante il periodo del ritiro, in caso di divorzio revocabile (art. 167 par. 2). La custodia del figlio e della figlia si protrae sino alla loro maggior età legale (art. 166 par. 1). È affidata alla madre in primo luogo, poi al padre, e poi alla nonna materna del figlio (art. 171).

D) I beni dei coniugi

a) In diritto egiziano

Siccome i beni dei due coniugi sono separati durante il matrimonio, il divorzio o il decesso di uno dei due congiunti non cambia niente al loro statuto. I beni del coniuge deceduto finiscono nella successione ereditaria, e il coniuge superstite mantiene i suoi beni. La moglie non ha a questo riguardo diritto sui beni del marito, salvo a titolo di ereditiera in caso di decesso del marito. Ne è parimenti per il marito. Il divorzio mette fine alle pretese successorie tra i due.

Le norme indicate più alto, concernenti la distinzione tra ciò che costituisce i beni dell'uno e dell'altro coniuge, si applicano qui, ma l'articolo 119 Qadri segnala che in caso di contestazione sugli oggetti che guarniscono il domicilio coniugale, dopo il decesso di uno degli sposi, si procederà ad attribuire al coniuge superstite tutti gli oggetti che possono servire sia all'uno che all'altro, salvo prove contrarie (art. 119).

Questo sistema che non accorda alla moglie divorziata che un'indennità, spesso illusoria, pone un problema alla moglie divorziata che ha dedicato la sua vita a occuparsi dei suoi figli mentre suo marito esercitava una professione di cui il reddito, dopo pagamento dell'assegno alimentare alla moglie e ai suoi figli, andava a beneficio esclusivo di lui. Inoltre, se la moglie procede al divorzio per riscatto, perde ogni diritto d'indennità e d'assegno alimentare durante il periodo di ritiro.

b) In diritto marocchino

Il codice di famiglia marocchino non contiene alcuna disposizione relativa ai beni dei due congiunti, dopo lo scioglimento del matrimonio. Bisognerebbe concluderne che se i coniugi hanno mantenuto il sistema legale della separazione dei beni, ciascuno ritroverà i suoi beni in caso di divorzio o di decesso dell'altro coniuge. Se invece si sono accordati per un altro sistema, i beni saranno divisi secondo ciò che è previsto all'articolo 49, relativo ai beni dei coniugi durante il matrimonio.

IV. Disparità di trattamento alla successione ereditaria

Nella maggior parte dei casi[1], il Corano accorda alla donna di ricevere la metà di quanto riceve l'uomo. Si legge:

> Ecco quello che Dio vi ordina a proposito dei vostri figli: al maschio la parte di due femmine [...]. A voi spetta la metà di quello che lasciano le vostre spose, se esse non hanno figli. Se li hanno, vi spetta un quarto di quello che lasciano, dopo aver dato seguito al testamento e [pagato] i debiti. E a loro spetterà un quarto di quello che lasciate, se non avete figli. Se invece ne avete, avranno un ottavo di quello che lasciate, dopo aver dato seguito al testamento e pagato i debiti. Se un uomo o una donna non hanno eredi, né ascendenti né discendenti, ma hanno un fratello o una sorella, a ciascuno di loro toccherà un sesto, mentre se sono più di due divideranno un terzo, dopo aver dato seguito al testamento e [pagato] i debiti senza far torto [a nessuno] (4:11-12).

> Ti chiederanno un parere. Dì: A proposito del defunto che non lascia eredi, [né ascendenti né discendenti] Dio vi dice: Se qualcuno muore senza lasciare figli ma ha una sorella, a essa toccherà la metà dell'eredità, mentre egli erediterebbe da lei tutto quanto se ella non avesse figli; se ci sono due sorelle, avranno i due terzi di quello che lascia; se ci sono due fratelli, maschi o femmine, al maschio la parte di due femmine (4:176).

---

[1]   Sulla successione e il testamento, v. Aldeeb Abu-Sahlieh, Sami A.: Les successions en droit musulman, cas de l'Égypte, Thebookedition, Lille, 2009.

Queste norme coraniche sono restate immutate. Si ritrovano nei differenti codici arabi.

Essendo regolamentata dal Corano e dalla Sunnah, è molto raro trovare una critica a questa discriminazione. Ma, al contrario, si continua a giustificarla. In effetti, i giuristi musulmani sono, perlopiù, degli uomini; nessuno di essi si è interessato alla questione dell'uguaglianza fra l'uomo e la donna, di fronte all'eredità. Questo potrebbe cambiare se il legislatore facesse partecipare le donne alle commissioni preparatorie e sottomettesse i progetti alle associazioni femminili.

È possibile vedere nelle disposizioni coraniche una volontà di limitare l'arbitrarietà delle norme pre-musulmane che, secondi autori musulmani, privavano le donne di ogni dritto. Le disposizioni coraniche perciò possono essere considerate come un miglioramento in relazione allo statuto della moglie, esattamente come le norme sulla schiavitù hanno migliorato la condizione degli schiavi, impedendo abusi su di loro. Ma niente nel Corano vieta all'uomo di cedere i suoi privilegi, e di trattare la sua compagna, sua sorella e sua madre in modo equanime. Quando il Corano ha menzionato la legge del contrappasso, ha provato a regolamentarla lasciando all'uomo la libertà di rinunciare al suo diritto di uccidere o di ferire, in virtù del perdono che gli è raccomandato. Per analogia, si può dire che il Corano stabilisce un minimo di diritti in favore della donna, ma non vieta uno slancio di generosità[1]. Il progetto del *Collettivo 95* è impostato in questo senso. Si legge:

> Articolo 88 - Se hanno lo stesso grado di parentela rispetto al *de cujus*, la donna e l'uomo hanno diritto a una parte uguale, sull'eredità.

> Articolo 89 - La sposa o lo sposo hanno diritto alla medesima parte, sull'eredità del coniuge predeceduto.

Questo progetto sviluppa i perché della sua posizione, in una nota esplicativa dal titolo: "Eredità", che riproduciamo integralmente qui:

> In merito allo statuto della donna, l'islam ha optato per un'evoluzione progressiva. Così, ha cominciato a farla uscire dallo stato di quasi-schiavitù in cui si trovava, concedendole il diritto di proprietà e conferendole vocazione ereditaria, conformemente al versetto che dice: "Agli uomini spetta una parte di quello che hanno lasciato genitori e parenti; anche alle donne spetta una parte di quello che hanno lasciato genitori e parenti stretti: piccola o grande che sia, una parte determinata" [4:7].

> Questo versetto, che è il primo rivelato in materia di eredità, impone il principio d'uguaglianza tra i due sessi. Ma, tenuto conto della forza del suo impatto sulle pratiche ereditate dal periodo pre-islamico, certi musulmani vi si opposero, argomentando: "Come accordare vocazione ereditaria a qualcuno che non sale a cavallo, non porta la spada e non combatte il nemico?" Perciò, l'islam

---

[1] V. Aldeeb Abu-Sahlieh: Unification des droits arabes et ses contraintes, op. cit., p. 198-199.
Un'opinione simile è avanzata da Al-'Ashmawi, Muhammad Sa'id: Al-shari'ah al-islamiyyah wal-qanun al-masri, dirasah muqaranah, Maktabat Madbuli, il Cairo, 1986, p. 35-53. V. anche Shahrur, Muhammad: Al-Kitab wal-Qur'an, qira'ah mu'asirah, Sharikat al-matbu'at, Beirut, 1992, p. 458-459 e 602-603.

corresse il principio d'uguaglianza, riservando alla donna la metà della quota di un uomo: "Ecco quello che Dio vi ordina a proposito dei vostri figli: al maschio la parte di due femmine [...]" [4:11].

Tuttavia, sebbene il Corano abbia posto la regola del doppio, la quale non costituisce, in effetti, che un'eccezione al principio generale che la precede, esso stabilisce, in certi casi, l'uguaglianza tra le donne e gli uomini. Esiste uguaglianza, per esempio, quando un padre e una madre ereditano da un loro figlio, avendo un figlioletto a carico oppure, tra fratelli e sorelle in un caso specifico detto *kalala*. Inoltre, la quota della donna è superiore a quella dell'uomo, quando il *de cujus* non lascia figli, e suo padre e sua madre sono i suoi unici eredi: "Se non ci sono figli e i genitori [sono gli unici] eredi, alla madre tocca un terzo [...]" [4:11].

Da ciò che precede si può evincere che il versetto accordante alla donna la metà della quota di un uomo, deve essere ricollocato nel contesto socio-storico in cui è stato rivelato. Ora: anche se l'islam, conformemente alla realtà dell'epoca, ha fatto del mantenimento della donna un obbligo che grava sull'uomo, e anche se i giureconsulti si sono serviti di questo versetto per giustificare, in passato, una disparità nella vocazione ereditaria tra i due sessi, nulla toglie al fatto che la realtà odierna sia ben diversa da quella di un tempo.

Difatti, grazie all'accesso all'istruzione e al mondo del lavoro, la donna non è più materialmente dipendente dall'uomo. Oramai, partecipa alle spese della casa. Ancor più, non è raro che le sopporti sola. Così, dunque, sparisce il motivo fondante la regola del doppio. E a questo punto, bisognerebbe procedere all'applicazione del principio giuridico che dice: da una parte "ogni principio vive e sparisce con ciò che lo fonda"; dall'altra "non si può negare l'evoluzione delle regole con l'evoluzione del tempo". Quanto sopra, dovrebbe giustificare la modifica della regola del doppio, in virtù del cambiamento dei presupposti che la reggevano. Dovrebbe inoltre giustificare l'annullamento di detta regola, in virtù di uno dei principi fondamentali dell'islam: l'uguaglianza tra l'uomo e la donna. Ora, come fa propriamente notare Tahar Al-Haddad:

"Se si scrutano attentamente le regole poste dal Diritto musulmano e la loro finalità, si capisce che queste regole cercano di stabilire l'uguaglianza tra l'uomo e la donna in tutti i campi della vita".

Optando per un'evoluzione progressiva, aggiunge l'autore, l'islam ci ha risparmiato di sprofondare nei dubbi, in merito al capire se nella sua stessa essenza, esso mirasse a instaurare una stabile discriminazione tra i due sessi o no. Inoltre, come precisa la dottrina musulmana, non esiste alcunché che possa farci credere di dover perpetuare una tale situazione discriminatoria. L'islam ha modificato questo quadro, cambiando la realtà preesistente collo stabilimento di principi più fondamentali. Così facendo ci ha permesso di vedere la necessità di modificare costantemente tale realtà, in funzione dell'evoluzione dei tempi".

Capitolo 3.
Disuguaglianza tra musulmani e non musulmani

Nei paesi arabi, gli esseri umani sono classificati secondo il loro genere, ma anche secondo la loro appartenenza religiosa. Si distinguono quattro gruppi principali:

- i musulmani: sono cittadini a pieno titolo. Si può essere musulmano per nascita o in seguito a conversione;

- gli adepti delle religioni monoteiste, detti Gente del libro, che seguono dei libri rivelati: è il caso degli ebrei, dei samaritani, dei cristiani, dei sabei e degli zoroastriani

- gli adepti delle religioni politeiste o non riconosciute, come i Bahai;

- gli apostati: sono i musulmani che abbandonano l'islam per aderire a uno dei due gruppi suddetti o che adottano delle posizioni giudicate dalle autorità musulmane come contrarie all'islam.

Questa ultima categoria è la più sfavorita. Mentre i musulmani incoraggiano gli adepti delle altre religioni a convertirsi all'islam, delle misure penali e civili sono prese contro di colui che abbandona l'islam:

- Misure penali: in diritto musulmano classico, l'uomo che abbandona l'islam e rifiuta di riaderirvi, deve essere messo a morte. In quanto alla donna, deve essere incarcerata finché morte non giunga, a meno che non si riveda.

- Misure civili: in diritto musulmano classico, l'apostata non ha il diritto di sposarsi, e se l'apostasia ha luogo dopo il matrimonio, quest'ultimo viene sciolto. I suoi figli gli sono tolti; i suoi beni gli vengono confiscati e devoluti solo in favore dei suoi eredi musulmani o, in favore dello Stato.

Questo capitolo è dedicato unicamente alla disuguaglianza tra musulmani e non musulmani, compresi gli apostati, in materia di diritto di famiglia e di successione. Questa disuguaglianza costituisce un attentato al principio della libertà religiosa, che implica che nessuno dovrebbe subire una discriminazione a causa della sua appartenenza religiosa, a qualsiasi livello.

I. Disuguaglianza in materia di matrimonio

In materia di matrimonio misto, il diritto musulmano classico può essere riassunto come segue:

- Un uomo musulmano può sposare qualsiasi donna, indipendentemente dalla religione che lei segue, purché non sia né politeista, né membro di una comunità non riconosciuta, né apostata. Gli sciiti vietano tuttavia anche il matrimonio di un musulmano con una non musulmana, anche se costei è seguace di una religione monoteista.

- La donna musulmana resta cacciabile solo da un musulmano. Qualsiasi non musulmano che osi sposare una musulmana, commette un atto contrario al diritto, e perde la protezione da parte dello Stato musulmano (*dhimmah*).

- Il matrimonio dei politeisti e dei gruppi non riconosciuti non è riconosciuto[1].

- In caso di conversione all'islam: se è l'uomo che diventa musulmano, può tenere sua moglie non musulmana, a condizione che sia né politeista, né membro di una comunità non riconosciuta, né apostata. Se è la moglie che diventa musulmana, suo marito non musulmano non può continuare a vivere con lei, a meno che non si converta a sua volta all'islam.

- In caso di abbandono dell'islam: l'apostata non può sposarsi, e se diventa apostata dopo il matrimonio, quest'ultimo viene sciolto.

Le legislazioni arabe non fanno sempre menzione dei principi suddetti. Perciò, è il diritto classico che resta in vigore. È il caso, per esempio, dell'Egitto i cui tribunali si riferiscono in questo campo al codice ufficioso di Qadri Pacha[2].

Il Marocco considera come temporaneamente proibito, il matrimonio di una musulmana con un non musulmano, e il matrimonio di un musulmano con una non monoteista (art. 39 cifra 4). Niente è detto dell'apostasia. Fadéla Sebti Lahrichi scrive sull'apostasia:

> È il rinnegare pubblicamente la propria religione. Questo atto... è sanzionato gravemente in Marocco poiché trascina alla morte civile dell'apostata: l'apostata è considerato come morto agli occhi della legge. Se era sposato, il suo matrimonio vien sciolto e la successione è in ogni caso applicata. Inoltre, il codice penale punisce chiunque tenti di far vacillare la fede di un musulmano o di convertirlo a un'altra religione, imponendo la prigione per 6 mesi a 3 anni e una multa di 100 a 500 dirham[3].

In Giordania, il matrimonio della musulmana con un non musulmano e il matrimonio del musulmano con una non monoteista è nullo (art. 33). Niente è detto dell'apostasia, ma la legge precisa: "La dote, dovuta alla moglie, viene a cadere se lo scioglimento del matrimonio ha luogo a causa di lei, come in caso di sua apostasia, in caso di suo rifiuto a diventare musulmana se non è monoteista, e in caso di conversione di suo marito a questa religione [...]. Se aveva ricevuto una parte di questa dote, deve restituirla (art. 52).

In Iraq, il musulmano può sposare una non musulmana monoteista ma il matrimonio di una musulmana con un non musulmano è invalido (art. 17); la conversione all'islam di uno dei due congiunti prima dell'altro, lo sottomette alle norme musulmane per quanto riguarda il mantenimento del matrimonio o la separazione tra i due congiunti (art. 18). Niente è detto dell'apostasia.

La Tunisia non fa alcuna menzione di questa tematica. Ma la legge dice che i due futuri sposi non devono trovarsi in uno dei casi di impedimento al matrimonio, previsto dalla legge (il testo arabo dice: previsto dalla Shari'ah, art. 5). Ciò significa che la donna musulmana non può sposare un non musulmano.

---

[1]   V. la fatwa dell'Azhar relativa ai Bahai d'Egitto in: Aldeeb Abu-Sahlieh, Sami Awad: Liberté religieuse et apostasie dans l'islam, in: Praxis juridique et religion, 3.1.1986, p. 69-70.

[2]   Questo codice tratta dell'apostasia agli articoli 31-32, 120-130 e 303-309.

[3]   Lahrichi, Fadéla Sebti: Vivre musulmane au Maroc, Guide des droits et des obligations, LGDJ, Parigi, 1985, p. 25.

Lo Yemen vieta il matrimonio tra una musulmana e un non musulmano (art. 29), indipendentemente dalla religione di lui. Il musulmano non può sposare una non musulmana, se lei non è monoteista (ebrea, samaritana, cristiana, sabea, zoroastriana) (art. 26). Il matrimonio con un uomo apostata o una donna apostata sono vietati (art. 26). Ciò dà adito a scioglimento del matrimonio (art. 46). Se il marito si converte all'islam e sua moglie non monoteista rifiuta di diventare musulmana, o se la moglie si converte all'islam e suo marito rifiuta di diventare musulmano, o se uno dei coniugi abbandona l'islam, il matrimonio viene sciolto (art. 49).

Il Kuwait ci offre le disposizioni più chiare in questo campo:

Articolo 18 - non è concluso il matrimonio:

1) della musulmana con un non musulmano;

2) di un musulmano con una non monoteista;

3) dell'uomo apostata o della donna apostata che lascia l'islam, anche se pure l'altro coniuge è non musulmano;

Articolo 143 – 1) Quando i due sposi non musulmani si convertono simultaneamente all'islam, il loro matrimonio è mantenuto;

2) quando il marito si converte all'islam e sua moglie è monoteista, il matrimonio è mantenuto. Se invece la moglie è non monoteista, è invitata a diventare musulmana. Nel caso in cui si convertisse all'islam o a una religione monoteista, il matrimonio è mantenuto; se rifiutasse, il matrimonio è sciolto;

3) quando la moglie diventa musulmana, suo marito è invitato a diventare musulmano, se è in grado di diventarlo. Nel caso in cui si convertisse all'islam, il matrimonio è mantenuto; se rifiutasse, il matrimonio è sciolto. Quando il marito non è in grado di diventare musulmano, il matrimonio è sciolto immediatamente, se la conversione della moglie all'islam ha luogo prima della consumazione del matrimonio. Nel caso in cui la sua conversione ha luogo dopo la consumazione, il matrimonio è sciolto dopo la fine del ritiro.

Articolo 144 – 1) Per il mantenimento del matrimonio nei casi precedenti, occorre che non ci sia, tra gli sposi, una causa di interdizione prevista dalla presente legge;

2) in ogni caso, non è permesso indagare la buona fede di quello che si converte all'islam, né le motivazioni della sua conversione.

Articolo 145 – 1) Se il marito diventa apostata, il matrimonio è sciolto. Ma se diventa apostata dopo la consumazione del matrimonio, e poi ritorna all'islam durante il ritiro dalla moglie, lo scioglimento è annullato e la vita coniugale è ristabilita;

2) se la moglie diventa apostata, il matrimonio non è sciolto.

La disposizione finale è originale. Il memorando precisa: "Alcune voci hanno dimostrato che il diavolo abbellisce alla moglie musulmana la via dell'apostasia per rompere un legame coniugale che non le piace. Perciò, fu deciso che l'apostasia non conduce allo scioglimento del matrimonio, al fine di chiudere questa porta pericolosa, che la moglie abbia apostatato per astuzia o no"[1].

Il progetto della Lega araba al suo articolo 30 (ripreso all'articolo 28 del progetto del CCG) non fa nient'altro che riprendere la dottrina classica. Indica, tra gli impedimenti attuali, il matrimonio con una donna non musulmana (eccetto le ebree e le cristiane), e il matrimonio di una musulmana con un non musulmano. Niente è detto dell'apostasia ma il memorando dice:

> L'apostata che lascia l'islam è considerato come senza religione, anche se questo lascia l'islam per un'altra religione monoteista. Il matrimonio di un musulmano con una donna apostata, come il matrimonio di una musulmana con un uomo apostata, è invalido, perché l'apostasia è un reato punito per l'uomo colla morte e per la donna colla prigione. L'apostata è considerato come morto, secondo i libri di fiqh e le norme derivate dal diritto musulmano[2].

Segnaliamo a questo proposito che se l'islam permette il matrimonio tra i musulmani e le non musulmane, considera comunque non biasimevole un tale matrimonio[3]. Inoltre, se nessuna legislazione araba prevede sanzione penale contro il non musulmano che sposa una musulmana, Badran, professore di diritto alle università di Alessandria e di Beirut araba, raccomanda invece la pena di morte per costui, in quanto, dice, "è il mezzo più efficace affinché il miscredente (*kafir*) non ne abbia nemmeno l'idea in mente, e affinché non osi fare questo atto che attenta all'onore dell'islam e dei musulmani"[4]. In un caso concreto, un giovane cristiano, si era innamorato di una musulmana. La gioventù musulmana l'ha minacciato di morte ed è giunta a strangolarlo con una corda. Riportai questo fatto, nell'agosto 1992, allo Sceicco Ikramah Sabri, alla Moschea dell'Aqsa a Gerusalemme. Mi rispose senza nessuna emozione: "Abbiamo il diritto, noi musulmani, di opporci colla forza a qualsiasi cristiano che osi infrangere l'interdizione di matrimonio con una musulmana".

Questo modo di vedere non si limita ai paesi musulmani. Quando una donna musulmana sposa un cristiano all'estero, la sua famiglia esercita ogni tipo di pressione per dissuaderla. Ciò può giungere fino al rapimento della figlia. Parecchi casi concreti hanno avuto infatti luogo in Occidente.

Basandosi sul Corano e sulla Sunnah, è molto raro trovare una critica alle norme discriminatorie musulmane in materia di matrimonio misto. Sarebbe interessante qui citare Muhammad Ahmad Khalaf-Allah.

Questo autore afferma che il Corano non ha regolamentato il matrimonio di una musulmana con un non musulmano monoteista. In caso di silenzio del testo, la

---

[1]   Al-Kuwait al-yom, no 1570, p. 68.
[2]   Al-Majallah al-'arabiyyah lil-fiqh wal-qada', vol. 2, 1985, p. 72.
[3]   V. Al-Sanhuri, Muhammad Ahmad Faraj: Al-usrah fil-tashri' al-islami, Wazarat al-tarbiyah wal-ta'lim, il Cairo, 1987, p. 29-34 (corso di religione musulmana per gli alunni all'undicesimo anno di scuola); Al-Jabri, 'Abd-al-Mit'al Muhammad: Jarimat al-zawaj bi-ghayr al-muslimat fiqhan wa-siyasatan, Maktabat Wahbah, il Cairo, 3ª ed., 1983.
[4]   Badran, Badran Abu-al-'Aynayn: Al-'ilaqat al-ijtima'iyyah bayn al-muslimin wa-ghayr al-muslimin, Dar al-nahdah al-'arabiyyah, Beirut, 1980, p. 88.

decisione tocca all'uomo in virtù del principio musulmano: tutto ciò che non è vietato è permesso. Non si può allargare a piacere l'elenco dei divieti. In mancanza di interdizione formale a farlo, l'interesse generale della società impone il rafforzamento dei legami sociali, tramite il matrimonio misto. Il solo divieto previsto dal Corano è il matrimonio tra musulmani e politeisti, in virtù del seguente versetto:

> Non sposate le [donne] associatrici finché non avranno creduto, ché certamente una schiava credente è meglio di una associatrice, anche se questa vi piace. E non date spose agli associatori finché non avranno creduto, ché, certamente, uno schiavo credente è meglio di un associatore, anche se questo vi piace (2:221).

Ora, il termine *associatori* è relativo ai pagani dell'Arabia che non esistono più. A partire da questo ragionamento, Khalaf-Allah scrive che gli aderenti ai gruppi religiosi devono smettere di adottare delle posizioni fanatiche, ma devono alzarsi al livello dell'uomo in quanto essere umano, e permettere i matrimoni misti per eliminare le tensioni che esistono tra loro e rinforzare così i legami sociali. Devono sostituire il legame religioso col legame nazionale, e mettersi sul piano d'appartenenza all'umanità[1]. Questo autore cita sovente il famoso commento del Corano *Al-Manar*.

In Libano, dove dei matrimoni misti tra musulmane e non musulmani hanno talvolta luogo, non senza problemi, lo sceicco 'Abd-Allah Al-'Alayli (d. 1996) ha trattato questo tema[2]. Vede nell'interdizione di un tale matrimonio un attentato all'unità nazionale. Come Khalaf-Allah, segnala che il versetto 2:221 riguarda solamente gli *associatori* e, aggiunge, esso parla solamente di preferenza e non d'interdizione formale. E se i giuristi considerano che il termine *associatori* si estenda a tutti i non musulmani, e che il versetto in questione stabilisce un'interdizione, allora bisognerebbe vietare anche il matrimonio tra un musulmano e una non musulmana, indipendentemente dalla sua religione, come fanno gli sciiti.

Questa posizione è ripresa nel progetto del *Collettivo 95* che non parla più di differenza di religione come ragione d'impedimento al matrimonio (art. 10). Sviluppa la sua posizione in una nota esplicativa alla fine del progetto.

II. Disuguaglianza in materia di tutela-custodia e di educazione dei figli

Ogni religione monoteista bada a fare in modo che i figli nati dai matrimoni dei loro membri diventino suoi fedeli. Nel mondo arabo, lo Stato aiuta ad assicurare il rispetto delle norme musulmane in merito, a scapito delle altre religioni. Ciò si manifesta con le seguenti misure:

-   Contrariamente a ciò che accade nei paesi occidentali, i paesi arabi non ammettono che i genitori scelgano la religione dei loro figli. Allo stesso modo non è permesso esentare i propri figli dell'educazione religiosa. Ogni figlio nato da

---

[1]   Khalaf-Allah, Muhammad Ahmad: Al-Qur'an wa-mushkilat hayatina al-mu'asirah, Al-mu'assasah al-'arabiyyah lil-dirasat wal-nashr, Beirut, 1982, p. 192-214. Per più dettagli, v. Aldeeb Abu-Sahlieh, Sami Awad: Introduction à la société musulmane: fondements, sources et principes, Eyrolles, Parigi, 2005, p. 334-336.

[2]   Al-'Alayli, 'Abd-Allah (d. 1996): Ayn al-khata': tashih mafahim wa-nadhrah jadidah, Dar al-jadid, Beirut, 2ª ed., 1992, p. 111-120.

una coppia musulmana o mista deve essere obbligatoriamente musulmano e deve essere allevato in questa religione[1].

- Quando la coppia è mista, marito musulmano e moglie cristiana, la legge impedisce la custodia dei figli a quest'ultima, a partire dall'età dei figli in cui essi possono comprendere cosa sia la religione, per evitare che lei li allontani dalla religione musulmana.

- In caso di apostasia, l'apostata, uomo o donna, non può godere della custodia o della tutela del figlio. Se i coniugi apostatano, i figli sono loro sottratti.

In Egitto, il codice ufficioso di Qadri dice che la madre o qualsiasi altra *hadinah* (donna incaricata della custodia del bimbo), che sia cristiana o ebrea, ha il diritto di custodire il figlio finché esso sia capace di discernimento in materia di religione, a meno che il padre o il tutore temano che la donna possa ispirare il figlio a seguire un'altra fede, diversa da quella musulmana (art. 381). La donna non deve essere apostata (art. 382). In assenza di donne che possano curarsi del figlio, il diritto alla custodia è attribuito a un uomo, che deve essere della stessa religione del figlio, dunque musulmano. L'uomo e la donna apostati non possono, come si vede, avere la custodia dei loro figli (art. 385).

Il codice siriano non dice alcunché su questa faccenda. Ma la dottrina siriana spiega che la non musulmana può custodire il figlio finché esso sia capace di discernimento in materia di religione. Nel caso in cui lei non si rivelasse affidabile nell'educare il figlio, questo le verrebbe sottratto. In quanto all'apostata, non può custodire il figlio per il fatto che, secondo il diritto musulmano, deve essere incarcerata fino alla sua morte o alla sua riconversione all'islam. Questa dottrina aggiunge che l'uomo non può custodire il figlio, a meno che non appartenga alla religione di quest'ultimo[2].

Lo Yemen prevede che se il custode del figlio musulmano è un uomo, questo deve essere della stessa religione. Se si tratta di una donna, non deve essere apostata (art. 140).

Il Sudan precisa che il figlio deve seguire la migliore fra le religioni dei suoi due genitori. Ciò significa che se il marito è musulmano e la madre non musulmana, il figlio deve essere musulmano. Se la custodia del figlio è affidata a una donna che segue una religione diversa da quella del padre musulmano, lei perde questa custodia quando il bambino compie 5 anni, o quando si cominci a temere che la donna abusi della sua posizione ed educhi il bimbo a seguire una religione diversa dall'islam (art. 114).

La legge del Kuwait dice che la donna non musulmana ha il diritto di vedersi attribuire la custodia del figlio musulmano, e questo finché esso sia capace di discernimento in materia di religione, a meno che non si tema che esso si abitui a una religione diversa dall'islam, anche durante il periodo in cui è incapace di discernimento in materia di religione. In ogni caso, non può custodire il figlio oltre ai 7 anni

---

[1] V. su questo soggetto: Aldeeb Abu-Sahlieh, Sami Awad: L'enseignement religieux en Égypte: Statut juridique et pratique, in: Praxis juridique et religion, anno 6, vol. 1, 1989, p. 10-41.
[2] Al-Sabuni: Sharh qanun al-ahwal al-shakhsiyyah, vol. 2, op. cit., p. 266 e 276.

d'età di lui (art. 192). Ricordiamo qui che l'articolo 194 di questo codice fissa la custodia: per il figlio, fino alla sua maturità; per la figlia, fino al suo matrimonio. L'articolo 190 di questo stesso codice esige la capacità d'essere fedele, come condizione per vedersi attribuire la custodia del figlio. Il memorando aggiunge "fedeltà in materia di religione e di beni"[1]. L'allusione è chiara.

La questione della religione si ritrova in materia di patria potestà (*wilayah*). Questo potere è esercitato, secondo il diritto egiziano, dal padre e, in sua assenza, dal nonno del figlio. La legge egiziana 119/1952 non menziona la condizione della religione; ne è parimenti del codice ufficioso di Qadri. Ma la dottrina egiziana esige che il padre o il nonno siano musulmani se il figlio è musulmano. Da questo risulta che il musulmano che lascia l'islam, perde la patria potestà. Ne è parimenti nel caso in cui la madre diventasse musulmana, mentre il padre o il nonno restassero non musulmani[2].

Il tribunale di prima istanza di Alessandria dice in un giudizio del 16.3.1958:

> Se la moglie non musulmana si converte all'islam dopo avere messo due figli al mondo, mentre il marito rimane nella sua religione, i due figli seguono la religione migliore fra quelle dei loro genitori. Seguono dunque la religione della madre, perché l'islam è la migliore delle religioni. E poiché il padre non è musulmano, la tutela dei due figli gli viene revocata, perché il non musulmano non può esercitare un potere su un musulmano, anche quando i figli medesimi avessero scelto il loro padre per esercitare la loro tutela. Difatti, la tutela non dipende dalla volontà del figlio, ma dalle disposizioni della legge[3].

Il tribunale di prima istanza del Cairo, in un giudizio del 2.1.1957, dice in merito all'apostata: "L'apostata non ha religione, non ha potere di tutela né su sé né su altri"[4].

Lo Yemen prevede che se il tutore che dovrebbe decidere per il matrimonio, non è della stessa religione di colui che rappresenta, la tutela vien data ad un'altra persona (art. 18). La validità del matrimonio necessita la presenza di due testimoni musulmani (art. 9).

Il progetto della Lega araba dice che la madre o il padre che segue una religione diversa da quella del figlio, perde il suo diritto di custodia del figlio, da quando quest'ultimo compie 7 anni (art. 130, ripreso dall'art. 127 del progetto del CCG). Una delle condizioni per ottenere la custodia del figlio, è la fedeltà (art. 128, ripreso dall'art. 127 del progetto del CCG). Se questa manca, e quindi l'uomo è apostata e la donna pure, essi perdono la custodia del figlio. In quanto alla patria potestà relativa ad un musulmano, essa non può essere attribuita ad un non musulmano (art. 164 ripreso dall'art. 160 del progetto del CCG).

---

[1]   Al-Kuwait al-yom, no 1570, p. 79.
[2]   'Abd-al-Tawwab, Mu'awwad: Mawsu'at al-ahwal al-shakhsiyyah, Al-ma'arif, Alessandria, 1984, p. 61.
[3]   Hanafi, Salih: Al-marja' fi qada' al-ahwal al-shakhsiyyah lil-masriyyin, Mu'assasat al-matbu'at al-hadithah, Alessandria, s.d., vol. 2, p. 93.
[4]   Ivi, p. 293.

Il progetto del *Collettivo 95* non fa alcun riferimento all'appartenenza religiosa, per quanto riguarda l'educazione e la tutela dei figli.

III. Disuguaglianza in materia di successione e di testamento

Il diritto musulmano vieta la successione tra i musulmani e i non musulmani, nei due sensi[1]. L'apostata che lascia l'islam non può ereditare da alcuno, e solo i suoi eredi musulmani possono ereditare i suoi beni. Ciò significa che in caso di conversione all'islam, come pure in caso d'abbandono dell'islam, solo gli eredi musulmani potranno beneficiare della successione, mentre gli eredi non musulmani no.

Per quanto riguarda il testamento, il diritto musulmano permette la costituzione di un legato tra musulmani e non musulmani. In quanto all'effetto dell'apostasia sul legato, i pareri sono discordi.

I legislatori arabi hanno qualche riserva nella formulazione di norme precise, particolarmente per quanto riguarda, appunto, la questione dell'apostasia. Certi paesi come la Giordania o la Libia non si danno nemmeno la pena di riflettere in merito. Ciò significa che bisogna riferirsi al diritto musulmano classico, per colmare la lacuna normativa.

L'Egitto regola la questione della successione tra musulmani e non musulmani all'articolo 6 della legge 77/1943 che dice: "Non c'è successione tra un musulmano e un non musulmano. C'è successione tra non musulmani". Questa legge invece non dice alcunché in merito all'apostasia. L'articolo 6 del progetto comprendeva un secondo paragrafo, il quale diceva: "L'apostata non eredita da alcuno; i suoi beni, acquistati prima d'apostatare, diventano proprietà dei suoi eredi musulmani; e i suoi beni acquistati dopo aver apostatato, diventano proprietà del Tesoro pubblico". Questa disposizione fu soppressa. Il memorando spiega:

> Certi membri della Commissione si sono opposti al par. 2 di questo articolo concernente la successione dell'apostata. Hanno sostenuto che è contrario all'articolo 12 della costituzione che garantisce la libertà di credo, per tutti. Hanno detto che, per necessità, si è stati indotti a trasgredire le norme, chiare, contenute nel Corano (*sic*, ma in effetti si tratta di quelle contenute in un *hadith*) che condannano a morte l'apostata. La situazione attuale richiede anche di rivedere le vecchie norme relative alla successione dell'apostata, poiché esse erano eccessivamente improntate da una mentalità religiosa, che sembra essere ostile a quella che ha permesso di redigere la costituzione. Hanno aggiunto che non era giusto che le persone innocenti dovessero subire una sanzione, a causa dell'apostasia di loro padre, mentre quest'ultimo ha goduto di tutti i diritti durante la sua vita. Perciò la maggioranza della Commissione ha deciso di sopprimere il par. 2 sulla successione dell'apostata, lasciando alle leggi, che determinano il concetto di apostasia, il compito di precisare le norme relative all'apostasia[2].

---

[1]   Sulla successione e il testamento, v. Aldeeb Abu-Sahlieh, Sami A.: Les successions en droit musulman, cas de l'Égypte, Thebookedition, Lille, 2009.

[2]   Citato da Isma'il, Ihab Hasan: Usul al-ahwal al-shakhsiyyah li-ghayr al-muslimin, dirasah muqaranah, Maktabat al-Qahirah al-hadithah, il Cairo, s.d., p. 131-132.

L'articolo 9 della legge egiziana 71/1946 dice: "Si può concedere un legato ad una persona di religione, di rito o di nazionalità diversa dalla propria". L'articolo 5 del progetto stipulava: "Per fare un legato, bisogna avere la capacità de disporre e avere raggiunto l'età di 21 anni solari. La disposizione testamentaria dell'apostata è valida". Ma questa clausola sull'apostasia è stata soppressa.

Lo Yemen permette il legato in favore di un monoteista non musulmano che non appartenga a uno stato nemico (*harbi*) (art. 240.) Vieta comunque la successione tra musulmani e non musulmani. Ad ogni modo non considera la differenza di nazionalità fra musulmani, come un impedimento alla successione (art. 305).

In Marocco, non c'è successione tra un musulmano e un non musulmano (art. 332). La guida del codice di famiglia spiega:

> Legalmente, un musulmano non eredita da un non musulmano, né un non musulmano da un musulmano, come si evince dalle parole del profeta di Dio: "Il musulmano non eredita da un non musulmano, né un musulmano da un musulmano". La condizione richiesta a questo proposito è che l'erede e il *de cujus* siano della stessa religione al momento del decesso del *de cujus*, vale a dire al momento d'avere diritto alla successione. Se l'interessato abbraccia l'islam dopo il decesso del *de cujus* e prima della ripartizione della successione, non avrà diritto alla successione.

Niente è detto del legato, ciò significa che può essere fatto in favore di una persona che appartiene a una religione differente da quella del testante. Niente è detto pure dell'apostasia, ma questa deve essere considerata come un ostacolo in materia di successione e di legato.

Il Sudan permette il legato in favore di una persona di religione o di nazionalità differente da quella del testante (art. 297), tuttavia il legato diventa nullo se il testante o il beneficiario del legato abbandona l'islam (art. 317). La successione tra due persone che seguono religioni differenti è proibita (art. 351). Si ritrovano delle disposizioni simili in Oman (art. 206 e 228 concernenti il testamento, e art. 239 concernente la successione).

Il Kuwait offre in materia la legislazione la più dettagliata:

> Articolo 293 - A) Non c'è successione tra musulmani e non musulmani;
>
> B) I non musulmani possono ereditare invece gli uni dagli altri.
>
> Articolo 294 - A) L'apostata non eredita da alcuno.
>
> B) I beni dell'apostata acquistati prima o dopo la sua apostasia diventano proprietà dei suoi eredi musulmani al momento della sua morte. Se non ha eredi musulmani, i suoi beni diventano proprietà del Tesoro pubblico;
>
> C) Se l'apostata ottiene la nazionalità di uno Stato non musulmano, è considerato *ipso facto* come morto e i suoi beni sono devoluti ai suoi eredi musulmani;
>
> D) Se l'apostata ritorna all'islam dopo l'ottenimento della nazionalità di uno Stato non musulmano, ciò che resta dei suoi beni devoluti agli eredi musulmani o al Tesoro pubblico gli viene restituito.

L'articolo 221 del codice kuwaitiano è analogo all'articolo 9 egiziano menzionato più alto. Per quanto riguarda l'apostasia, l'articolo 217 *in fini* dice: "La disposizione testamentaria dell'uomo apostata e della donna apostata è valida se ritornano all'islam". Il memorando aggiunge che se muoiono in stato di apostasia, la loro disposizione testamentaria è considerata come nulla[1]. Questa legge non dice se è possibile dare un legato ad un apostata.

Il progetto della Lega araba vieta la successione in caso di differenza di religione. In più, il memorando la vieta anche tra non musulmani appartenenti a diversi gruppi religiosi (mentre la dottrina musulmana classica è divisa su questo punto[2]). Non dice alcunché dell'apostasia. Ma il memorando la ricorda come impedimento alla successione: "L'apostata non può ereditare da altri, e questa idea è abbracciata da tutti i giuristi, perché è considerato come morto, e un morto non può ereditare". Aggiunge che i beni dell'apostata diventano, in ogni caso, proprietà dei suoi figli musulmani, che i beni siano stati acquistati prima di apostatare o dopo di ciò[3].

In merito al legato, il progetto della Lega araba dice che è valido, anche se il legatario è un non musulmano (art. 208). Non menziona l'apostasia tra le cause che rendono nullo il legato (art. 231). Il memorando spiega che la validità del testamento dell'apostata, dipende dalla riconversione o non riconversione di costui all'islam. Se muore in stato di apostasia, il testamento è annullato. Il memorando aggiunge che questa disposizione si applica anche al testamento in favore dell'apostata "per incoraggiarlo a ritornare all'islam, nel caso in cui l'eredità sia stata devoluta in suo favore dopo che costui ha apostatato. Se riabbraccia l'islam, il testamento è considerato valido; in caso contrario, è considerato nullo"[4].

Questa tematica non è oggetto di alcuna critica da parte dei pensatori musulmani. Tuttavia, il Corano non contiene alcuna norma che vieti la successione tra musulmani e non musulmani: il versetto coranico "Dio non concederà ai miscredenti [alcun] mezzo [di vittoria] sui credenti" (4:141), citato spesso in modo incompleto al fine di vietare la successione tra musulmani e non musulmani, non ne dice alcunché. In quanto al detto di Maometto sulla tematica, può essere interpretato in base al contesto storico in cui è stato pronunciato. Difatti, il diritto successorio si basa sul legame di solidarietà (*wilayah*) esistente tra il defunto e gli eredi. Oggi, si può dire che l'arabo cristiano e l'arabo musulmano si trovino sui campi di battaglia insieme, e che si ritrovino a difendere la patria l'uno accanto all'altro. Si devono inoltre aiuto e assistenza reciproci, nel quadro delle loro comuni responsabilità a livello nazionale, quantomeno per quanto concerne il versamento delle tasse[5].

Contrariamente alle leggi e ai progetti attuali, il progetto del *Collettivo 95* sopprime le discriminazioni di tipo religioso, in materia successoria. Vi si legge: "La differenza di culto non è un caso di indegnità successoria" (art. 91).

---

[1]   Al-Kuwait al-yom, no 1570, p. 86-87.
[2]   L'articolo 241 dice: "Non c'è vocazione ereditaria tra un musulmano e un non musulmano". In merito al memorando, v. Al-Majallah al-'arabiyyah lil-fiqh wal-qada', vol. 2, 1985, p. 197.
[3]   Al-Majallah al-'arabiyyah lil-fiqh wal-qada', vol. 2, 1985, p. 197-198.
[4]   Ivi, p. 178-179.
[5]   Aldeeb Abu-Sahlieh: Unification des droits arabes et ses contraintes, op. cit., p. 197-198.

Capitolo 4.
Documenti internazionali: adesione e riserve

I. Tipo di riserve

La disuguaglianza tra uomo e donna, e la disuguaglianza tra musulmani e non musulmani sta alla base delle riserve formulate dai paesi arabo-musulmani in merito alle dichiarazioni, risoluzioni e convenzioni relative ai diritti dell'uomo. Queste riserve sono state formulate nei dibattiti, e son state causa di proposte di emendamenti. Quando questi emendamenti sono stati bocciati da altri paesi, i paesi arabo-musulmani hanno fatto opposizione, astenendosi dal voto o ratificandole con riserve. È successo che i paesi occidentali abbiano accettato questi emendamenti, per evitare l'insuccesso. È anche successo che un testo inizialmente dibattuto perché diventasse una convenzione, sia stato trasformato a causa delle obiezioni dei paesi arabo-musulmani, finendo per diventare una semplice raccomandazione o risoluzione senza portata costrittiva. Fu il caso del testo sulla clonazione.

Ci sono differenti tipi di riserve che provengono dai paesi arabo-musulmani, e non tutte si riferiscono agli stessi temi. Sono formulate in forma di clausole generali, che toccano una disposizione sola o diverse disposizioni.

Quando uno Stato esprime una riserva al momento della ratifica, si esprime a nome suo. Ma nei dibattiti, gli Stati musulmani si esprimono ora a titolo personale, ora a titolo collettivo. Così nei dibattiti concernenti la *Dichiarazione sull'eliminazione di tutte le forme di intolleranza e di discriminazione fondate sulla religione o sul credo*, il rappresentante dell'Iran disse che i musulmani non sono autorizzati a scegliere un'altra religione. Nel caso in cui lo facessero, sono passibili della pena di morte[1]. Il rappresentante dell'Iraq, parlando in nome dell'OCI, disse che i paesi membri di questa Organizzazione "esprimono [...] delle riserve al riguardo di ogni disposizione o termine che contravvenga al diritto islamico (*Shari'ah*) o ad ogni legislazione o legge fondata su questo diritto"[2]. Il rappresentante della Siria si è associato a questa esternazione[3]. La rappresentante dell'Egitto disse:

> Le disposizioni di questa Dichiarazione non devono essere in alcun caso interpretate o utilizzate come pretesto, per inserirsi negli affari interni degli Stati, comprese le questioni religiose. Deve essere ben chiaro a tutti che questa Dichiarazione, di cui l'obiettivo è di favorire la tolleranza religiosa, non può essere interpretata né sfruttata a fini politici chi ne oltrepassano il quadro ed i principi[4].

II. Nove convenzioni: riserve e adesione

Non è possibile riportare qui tutti i dibattiti in cui i paesi arabo-musulmani hanno evocato il diritto musulmano. Ci limitiamo ai dibattiti relativi alle nove principali

---

[1]   AG, 3ª Commissione, 26 ottobre 1981, A/C.3/36/SR.29, p. 5.
[2]   AG, 3ª Commissione, 9 ottobre 1981, A C 36/SR. 43, p. 10.
[3]   Ivi, p.12.
[4]   AG, 3ª Commissione, 9 novembre 1981, A/C.3/36/SR.43, p. 9.

convenzioni delle Nazioni Unite, concernenti i diritti dell'uomo, ratificate dai paesi arabi, e alle riserve che questi ultimi hanno espresso in merito, unitamente alle loro relative dichiarazioni[1]. Sommariamente, queste riserve e dichiarazioni toccano i seguenti punti:

- La disuguaglianza tra l'uomo e la donna in materia di matrimonio: poligamia, ripudio.

- La disuguaglianza tra musulmani e non musulmani in materia di matrimonio: un musulmano può sposare un monoteista, ma un monoteista non può sposare una musulmana; interdizione del matrimonio tra musulmani e non monoteisti.

- La disuguaglianza in materia successoria: la donna riceve generalmente la metà di ciò che riceve l'uomo.

- La disuguaglianza in materia di libertà religiosa: è permesso diventare musulmano, ma un musulmano che lasci l'islam è punito con la pena di morte e/o privato dei suoi diritti civili (interdizione di sposarsi, scioglimento del suo matrimonio, interdizione di ereditare, ecc.). Una coppia musulmana o di cui un coniuge è musulmano non può scegliere la religione dei suoi figli che devono essere obbligatoriamente musulmani.

- L'interdizione dell'adozione.

I seguenti segni sono utilizzati:

(x) Ratifica, adesione, accettazione o firma definitiva.

(xr) Dichiarazione o riserva (senza quelle relative al riconoscimento d'Israele).

(f) Firma non seguita da ratifica.

1) Convenzione sui diritti politici della donna, entrata in vigore il 7 luglio 1954[2]:

Algeria (x), Egitto (x), Giordania (x), Libano (x), Libia (x), Marocco (x), Mauritania (x), Tunisia (x), Yemen (xr).

2) Convenzione sulla nazionalità della moglie, entrata in vigore l'11 agosto 1958[3]:

Libia (x), Giordania (x), Tunisia (xr).

3) Convenzione sul consenso al matrimonio, l'età minima per il matrimonio e la registrazione dei matrimoni, entrata in vigore il 9 dicembre 1964[4]:

Giordania (x), Libia (x), Tunisia (x), Yemen (x).

4) Convenzione internazionale sull'eliminazione di ogni forma di discriminazione razziale, entrata in vigore il 4 gennaio 1969[5]:

Algeria (xr), Arabia Saudita (xr), Bahrain (x), Gibuti (f), Egitto (x), Emirati arabi uniti (x), Iraq (x), Giordania (x), Kuwait (x), Libano (x), Libia (x), Marocco (x),

---

[1] Disponibile su: www.unhchr.ch/french/html/intlinst_fr.htm. V. anche
    http://untreaty.un.org/French/access.asp.
[2] www.unhchr.ch/french/html/menu3/b/22_fr.htm.
[3] www.unhchr.ch/french/html/menu3/b/78_fr.htm.
[4] www.unhchr.ch/french/html/menu3/b/63_fr.htm.
[5] www.unhchr.ch/french/html/menu3/b/d_icerd_fr.htm.

Mauritania (x), Oman (x), Qatar (x), Somalia (x), Sudan (x), Siria (x), Tunisia (x), Unione delle Comore (x), Yemen (x).

5) Patto internazionale relativo ai diritti economici, sociali e culturali, entrato in vigore il 3 gennaio 1976[1]:

Algeria (xr), Gibuti (x), Egitto (xr), Iraq (x), Giordania (x), Kuwait (xr), Libano (x), Libia (x), Marocco (x), Mauritania (x), Somalia (x), Sudan (x), Siria (x), Tunisia (x), Yemen (x).

6) Patto internazionale relativo ai diritti civili e politici, entrato in vigore il 23 marzo 1976[2]:

Algeria (xr), Bahrain (xr); Gibuti (x), Egitto (xr), Iraq (xr), Giordania (x), Kuwait (xr), Libano (x), Libia (x), Marocco (x), Mauritania (xr), Somalia (x), Sudan (x), Siria (x), Tunisia (x), Yemen (x).

7) Protocollo facoltativo al patto internazionale relativo ai diritti civili e politici, entrato in vigore il 23 marzo 1976[3]:

Algeria (x), Gibuti (x), Libia (x), Somalia (x).

8) Convenzione sull'eliminazione di ogni forma di discriminazione contro le donne, entrata in vigore il 3 settembre 1981[4]:

Algeria (xr), Arabia Saudita (xr), Bahrain (xr), Gibuti (x), Egitto (xr), Emirati arabi uniti (xr), Iraq (xr), Giordania (xr), Kuwait (xr), Libano (xr), Libia (xr), Marocco (xr), Mauritania (xr), Oman (xr), Siria (xr), Tunisia (xr), Unione delle Comore (x), Yemen (xr).

9) Convenzione sui diritti del fanciullo, entrata in vigore il 2 settembre 1990[5]:

Algeria (xr), Arabia Saudita (xr), Bahrain (x), Gibuti (xr), Egitto (xr), Emirati arabi uniti (xr), Iraq (xr), Giordania (xr), Kuwait (xr), Libano (x), Libia (x), Marocco (xr), Mauritania (xr), Oman (xr), Qatar (xr), Somalia (f), Sudan (x), Siria (xr), Tunisia (xr), Unione delle Comore (x), Yemen (x).

III. Obiezioni occidentali alle riserve musulmane

Le riserve dei paesi arabi sono state talvolta oggetto di obiezioni da parte di altri Stati aderenti alle convenzioni. Così la Finlandia ha obiettato contro le riserve generali fatte da parecchi paesi musulmani in merito alla *Convenzione sull'eliminazione di ogni forma di discriminazione contro le donne*. Riferendosi alla riserva saudita per esempio, la Finlandia dice:

> Il Governo finlandese ha esaminato il tenore delle riserve del Governo dell'Arabia saudita alla Convenzione sull'eliminazione di ogni forma di discriminazione contro le donne.

---

[1] www.unhchr.ch/french/html/menu3/b/a_cescr_fr.htm.
[2] www.unhchr.ch/french/html/menu3/b/a_ccpr_fr.htm.
[3] www.unhchr.ch/french/html/menu3/b/a_opt_fr.htm.
[4] www.unhchr.ch/french/html/menu3/b/21_fr.htm.
[5] www.unhchr.ch/french/html/menu3/b/k2crc_fr.htm.

Il Governo finlandese ricorda che aderendo alla Convenzione, uno Stato si avvia a prendere le misure adeguate per eliminare la discriminazione contro le donne sotto tutte le sue forme e in tutte le sue manifestazioni.

Una riserva, che consiste in una citazione generica del diritto religioso e del diritto nazionale, di cui non si precisa il tenore, com'è stata la riserva fatta dall'Arabia saudita, nella sua prima parte, non illustra chiaramente alle altre Parti aderenti alla Convenzione, in quale misura lo Stato che fa la riserva si impegnerà ad applicare la Convenzione, e induce dunque a dubitare che suddetto Stato sia determinato ad assolvere gli obblighi che si è assunto firmando la Convenzione.

Inoltre, le riserve sono sottomesse al "principio generale di interpretazione dei trattati", secondo il quale una Parte non può invocare le disposizioni del suo diritto interno, per giustificare il fatto di non assolvere gli obblighi assunti firmando un trattato.

Siccome la riserva sul par. 2 dell'articolo 9, ha per scopo di annullare uno degli obblighi fondamentali che derivano dall'adesione alla Convenzione, il Governo finlandese è di parere che questa riserva è incompatibile con l'oggetto e lo scopo della Convenzione.

Il Governo finlandese ricorda anche la disposizione dell'articolo 28 (sesta parte) della Convenzione, secondo cui "nessuna riserva incompatibile con l'oggetto e lo scopo della Convenzione sarà autorizzata".

Il Governo finlandese fa dunque un'obiezione alle riserve suddette, relative alla Convenzione, fatte dal Governo dell'Arabia saudita.

Questa obiezione non impedisce l'entrata in vigore della Convenzione tra l'Arabia saudita e la Finlandia. La Convenzione entra in vigore tra i due Stati, dunque, senza che l'Arabia saudita possa trarre vantaggio dalle riserve.

Un'obiezione simile è stata formulata dall'Irlanda in merito alla riserva saudita e mauritana alla stessa Convenzione e, dalla Finlandia in merito alla riserva mauritana al Patto internazionale relativo ai diritti civili e politici.

Allegato
Modello di contratto di matrimonio tra musulmani e non-musulmani

Produciamo qui un modello di contratto di matrimonio tra musulmani e non-musulmani il cui scopo è di prevenire i conflitti. Questo modello prende in considerazione la Svizzera, ma può essere applicato in diversi paesi occidentali.

Il presente modello di contratto va compilato separatamente dai due nubendi, i quali procederanno in seguito al confronto delle loro rispettive risposte. Il testo finale, accettato da entrambi, va da loro sottoscritto innanzi ad un notaio che ne conserva una copia. Annullare o modificare le parti che non si adattano al caso di specie.

1. Celebrazione del matrimonio

A seguito di debita riflessione, i sottoscritti

Sig...............   Nato il ....

Nazionalità...............   Religione...............

Stato civile (celibe, divorziato, vedovo)

e

Signora...............   Nata il ....

Nazionalità...............   Religione...............

Stato civile (celibe, divorziata, vedova)

hanno convenuto quanto segue:

Il matrimonio sarà celebrato

in Svizzera   di fronte all'ufficiale dello stato civile di...............

all'estero (indicare il paese)............   di fronte a...................

Il matrimonio civile sarà seguito da una cerimonia religiosa

(specificare la cerimonia)...............

o

Il matrimonio civile non è seguito da alcuna cerimonia religiosa.

Il domicilio comune degli sposi sarà (indicare il paese)...............

La donna conserva la nazionalità svizzera.

Ella conserva il suo cognome, (ovvero) adotta il cognome del marito.

2. Libertà religiosa dei sposi

Ciascun coniuge intende conservare la sua religione e s'impegna a rispettare la religione e il culto dell'altro, compreso il diritto di cambiare religione.

Il marito e la moglie s'impegnano a non imporsi reciprocamente i principi da essi seguiti in materia di alimentazione.

3. Fedeltà e monogamia

Il marito e la moglie si devono reciprocamente aiuto e fedeltà. Essi dichiarano di non essere, al momento del matrimonio, uniti da altro matrimonio. Ciascuno s'impegna a non unirsi in matrimonio ad altra persona fino a quando sussiste il presente matrimonio. In caso di dichiarazione falsa o di violazione del suddetto impegno, ciascuno dei due acquisisce il diritto di chiedere il divorzio per questo motivo.

4. Prole

Il marito e la moglie dichiarano di essersi sottoposti ad esami prenuziali e di esserci reciprocamente informati dei relativi risultati.

I figli saranno di religione...............

Essi saranno allevati nel rispetto di tale religione. Essi acquisteranno la libertà religiosa, compreso il diritto di cambiare religione, a partire dai 16 anni di età, senza alcuna costrizione da parte dei genitori o delle rispettive famiglie, conformemente all'articolo 303 al. 2, del Codice civile svizzero.

I figli porteranno nomi europei, cristiani, musulmani, arabi, neutri. La scelta del nome sarà compiuta d'intesa fra i due genitori (indicare eventualmente i nomi).

I figli saranno battezzati all'età di...............

Essi potranno scegliere liberamente, se lo desiderano, di farsi circoncidere od eccidere a partire dall'età di 18 anni.

I figli frequenteranno scuole pubbliche, musulmane, cristiane, ebree.

I figli saranno registrati sul passaporto della madre.

Il coniuge musulmano non si opporrà al matrimonio delle sue figlie con un non-musulmano.

5. Rapporti patrimoniali

Il marito e la moglie contribuiscono in misura eguale, ciascuno proporzionatamente ai suoi mezzi, alle spese della famiglia e all'educazione dei figli. Essi decidono di comune accordo gli affari relativi alla coppia.

Il regime matrimoniale è sottoposto alla legge svizzera. Marito e moglie scelgono il regime (indicare il regime)...............

6. Norme relative all'abbigliamento, al lavoro, ai viaggi

Il marito e la moglie s'impegnano a non imporsi reciprocamente, né ad imporre ai figli, i principi musulmani relativi all'abbigliamento o alla vita sociale e all'educazione scolastica e sportiva.

La donna assume da sé le decisioni circa il suo lavoro. Non ha bisogno dell'autorizzazione del marito per viaggiare né per ottenere passaporto o documento d'identificazione, per sé e per i figli.

7. Scioglimento del matrimonio per divorzio o decesso

Il marito e la moglie s'impegnano a risolvere amichevolmente i conflitti che abbiano ad insorgere fra loro. Nell'ipotesi in cui uno dei due desideri sciogliere il matrimonio, s'impegna a farlo davanti al giudice e a non fare uso del ripudio.

Se il marito o i due sposi risiedono in un paese che permette al marito di ripudiare la moglie, il marito riconosce per ciò stesso alla moglie il diritto di ripudiarlo alle stesse condizioni.

In caso di divorzio, l'assegnazione dei figli avrà luogo sulla base di una decisione del giudice svizzero presa in conformità alla legge svizzera. Se i figli sono assegnati alla madre, il padre s'impegna a rispettare tale decisione e non sottrarglieli, quale che sia il luogo della loro residenza. In caso di decesso di uno dei coniugi, i figli saranno assegnati al coniuge superstite.

La divisione dei beni e gli obblighi alimentari tra i coniugi sono regolati dal diritto svizzero, anche se il marito o i due sposi risiedono in un paese musulmano.

Salvo accordo contrario, i beni acquisiti durante il matrimonio dall'uno o dall'altro coniuge sono considerati di proprietà comune di entrambi e dovranno essere divisi in parti uguali.

8. Successioni

Il marito e la moglie sottopongono la loro successione al diritto svizzero. Essi rigettano qualsiasi limitazione del diritto di succedere fondato sulla religione o sul sesso. Nel caso in cui la successione si sia aperta all'estero, parzialmente o totalmente, e il giudice straniero rifiuti di applicare il diritto svizzero, ciascun coniuge riconosce sin d'ora al coniuge superstite il diritto ad un terzo del valore netto della sua eredità dopo la liquidazione del regime matrimoniale.

9. Decesso e cerimonia funebre

Indicare qui l'accordo al quale sono pervenuti i due coniugi riguardo ai funerali: sepoltura in un cimitero laico, in un cimitero religioso, rimpatrio della salma nel paese di origine, incenerimento, ecc.

10. Modifica del contratto

Il marito e la moglie s'impegnano ad osservare in buona fede i termini del presente contratto. Il presente contratto non può essere modificato se non con il consenso dei due sposi, liberamente manifestato di fronte ad un notaio.

Nome del marito

Sua firma   luogo e data................

Nome della moglie

Sua firma   luogo e data................

Nome e indirizzo del primo testimone

Sua firma   luogo e data................

Nome e indirizzo del secondo testimone

Sua firma   luogo e data................

Nome e indirizzo del notaio

Sua firma   luogo e data................

P.S.: Nel caso in cui gli sposi decidano di procedere ad una cerimonia religiosa musulmana in Svizzera dopo il matrimonio civile o di concludere un matrimonio religioso o consolare all'estero, è indispensabile indicare espressamente nel documento redatto a seguito della cerimonia o del matrimonio:

- che il presente contratto sottoscritto dai due sposi di fronte al notaio ne è parte integrante, e

- che in caso di contraddizione tra i due documenti, il presente contratto prevale sul documento redatto dall'autorità religiosa o consolare.

Indice